LE BARON CH. DE BRÜCK

ET

LA COMPAGNIE DE SUEZ

— ✳ —

— MÉMOIRE —

A L'APPUI DE LA RÉCLAMATION

DES

HÉRITIERS DE BRÜCK

CONTRE

LA COMPAGNIE UNIVERSELLE DU CANAL MARITIME
DE SUEZ

ALEXANDRIE

Typographie - V. PENASSON - Lithographie

1900

LE BARON CH. DE BRÜCK

ET

LA COMPAGNIE DE SUEZ

✶

 ## MÉMOIRE —

A L'APPUI DE LA RÉCLAMATION

DES

HÉRITIERS DE BRÜCK

CONTRE

LA Cⁱᵉ UNIVERSELLE DU CANAL MARITIME DE SUEZ

ALEXANDRIE

TYPOGRAPHIE - V. PENASSON - LITHOGRAPHIE

1900

LE BARON CH. DE BRÜCK

ET

LA COMPAGNIE DE SUEZ

MÉMOIRE

A L'APPUI DE LA RÉCLAMATION

DES

HÉRITIERS DE BRÜCK

CONTRE

LA COMPAGNIE UNIVERSELLE DU CANAL MARITIME DE SUEZ.

Le présent mémoire a pour but de démontrer que S. E. feu le Baron Charles de Brück, de son vivant Ministre des Finances de S.M. l'Empereur d'Autriche et une des personnalités les plus marquantes de l'Europe de 1853 à 1860, était un des membres fondateurs de la Compagnie Universelle du Canal Maritime de Suez ; — que, comme tel, il avait été porté pour dix actions de fondation (une part entière originaire) dans la liste dressée par Mr. Ferdinand de Lesseps et irrévocablement arrêtée par feu S. A. Saïd Pacha, Vice-Roi d'Egypte ; — qu'il avait été régulièrement inscrit pour ces dix actions de fondation dans les registres de la Compagnie ; — qu'il avait, jusqu'après la constitution définitive de la Société, été maintenu dans l'attribution effective, à lui précédemment faite, de la propriété de ces mêmes dix actions, et que, par suite, la Compagnie, dont les rapports avec les bénéficiaires de parts de fondation sont régis par les règles de l'indivision, du dépôt et de la société, ne saurait, par le seul effet du temps écoulé, être recevable à venir opposer aux héritiers du défunt, la prescription tirée de la simple non-jouissance du droit par les ayant-cause.

Cette démonstration va résulter d'un ensemble décisif de circonstances, de documents et de reconnaissances formelles, tirés des actes mêmes de la Compagnie.

Il est de notoriété publique que le titre primordial en vertu duquel la Compagnie Universelle du Canal maritime de Suez a pu être créée et qui constitue la condition même de son existence, c'est le firman de concession octroyé, le 30 Novembre 1854, à Mr. Ferdinand de Lesseps par S.A. Saïd Pacha, ratifié et confirmé par un firman subséquent du 5 Janvier 1856.

Aux termes de l'article 11 du premier de ces firmans, il devait être créé un nombre de cent fondateurs, à prendre parmi « les personnes dont « les travaux, les études, les soins ou les capitaux avaient, *antérieurement*, « contribué à l'exécution de la grande entreprise du Canal de Suez ».

Et l'article 19 du firman successif du 5 Janvier 1856 comprenait encore, sous la désignation de membres fondateurs, les personnes « qui avaient « concouru par leurs travaux, leurs études et leurs capitaux, à la réalisation « de l'entreprise *avant* la fondation de la Société ».

Ce serait nier l'évidence que contester le rôle prépondérant de feu le Baron Charles de Brück dans la conduite et la réalisation de l'œuvre poursuivie. Il est juste d'ajouter que la Compagnie elle-même est la première à reconnaître l'importance et l'efficacité du concours apporté par ce personnage considérable : d'ailleurs, ses propres documents officiels en font foi et, à défaut, le dossier que nous produisons serait, par lui-même, assez éloquent à cet égard (1).

---

(1) Voir entre cent autres pièces :
1. Lettre de Arlès Dufour au Chev. de Negrelli, 8 Décembre 1854.
2. Lettre de F. de Lesseps à Mr. de Negrelli, 19 Janvier 1855.
3. Lettre d'Enfantin à Mr. de Negrelli, 16 Avril 1855.
4. Lettre de F. de Lesseps au Baron de Brück, 9 Août 1855.
5. Lettre du Baron de Brück à Mr. F. de Lesseps, 1er Octobre 1855.
6. Lettre de F. de Lesseps à Mr. de Negrelli, 3 Février 1856.
7. Note de F. de Lesseps à la Chambre de Commerce de Vienne, 22 Mars 1856.
8. Lettre de F. de Lesseps à Mr. de Negrelli, 17 Avril 1856.
9. Lettre de F. de Lesseps à Mr. de Negrelli, 27 Août 1857.
10. Lettre de F. de Lesseps à Mr. de Negrelli, 19 Décembre 1857.
11. Lettre de F. de Lesseps à Mr. de Negrelli, 17 Avril 1858.
12. Lettre de F. de Lesseps à Mr. de Negrelli, 20 Juin 1858.
13. Lettre de Barthelémy St.-Hilaire à Mr. de Negrelli, 8 Septembre 1858.

Ambassadeur de S. M. l'Empereur d'Autriche à Constantinople, puis Ministre des Finances du Gouvernement Autrichien, homme d'Etat de la plus haute valeur d'une des trois Puissances qui, à cette époque notamment, étaient les arbitres des destinées de l'Europe, S. E. le Baron Charles de Brück avait été, de 1846 à 1860, suivant l'expression même de Mr. Ferdinand de Lesseps, le pivot principal d'une entreprise dont la réalisation se heurtait à des questions de politique générale auxquelles l'Europe tout entière était plus ou moins directement intéressée : c'est là une page d'histoire contemporaine.

Dès le mois d'Avril 1855, c'est-à-dire six mois à peine après l'obtention du premier firman de concession, Mr. F. de Lesseps, dans un rapport adressé à S. A. le Vice-Roi Saïd Pacha, lui relatant les travaux préliminaires de l'entreprise, terminait par cette déclaration sur la portée de laquelle il n'est pas besoin d'insister :

« Une première liste de membres fondateurs remplissant les conditions voulues par « l'article 11 du firman de V. A. contient, tant pour l'Egypte que pour l'Europe, soixante « noms. V. A. qui me laisse le soin de la compléter par l'adjonction des personnages influents « ou des capitalistes qui, dans chaque pays, contribueront réellement à la fondation de l'œuvre, « a désiré que le nombre total ne s'élevât pas, autant que possible, au-delà de cent ».

Et, à moins de cinq jours d'intervalle, le 4 Mai 1855, le même F. de Lesseps, écrivant au Baron de Brück à Vienne, lui annonçait que S. A. le Vice-Roi l'avait fait inscrire, ainsi que Mr. le chev. de Negrelli, parmi les membres fondateurs visés par l'article 11 du firman de Novembre 1854.

A quoi, par sa lettre du 20 Mai 1855, le Baron de Brück, accusant réception de la communication qui lui était faite, s'empressait de répondre dans les termes suivants :

« C'est avec une intime satisfaction que je viens d'apprendre que S. A. m'a fait « inscrire, ainsi que Mr. de Negrelli, aussi en Egypte, parmi les membres fondateurs de la « grande entreprise, comme étant déjà membres fondateurs de la Société d'études et j'espère « que S. A. aura la même bonté pour les autres membres fondateurs de ladite Société ».

Qu'il nous soit permis d'ouvrir ici une parenthèse: aussi bien, une petite incursion dans le domaine de l'histoire n'est pas sans intérêt dans une cause comme celle-ci ; car, tout en venant, à l'aide de documents inédits, éclairer d'un jour nouveau certains côtés généralement peu connus de ce qu'on est convenu d'appeler une des grandes œuvres du siècle, elle permettra d'apprécier exactement le rôle et les procédés de Mr. F. de Lesseps.

*
* *

En Novembre 1846, un groupe de savants et d'hommes illustres appartenant à des nationalités diverses, se faisait, à Paris, le promoteur d'une Société, qui avait pour but d'étudier les moyens les plus pratiques pour mettre à exécution le grand projet, déjà conçu par les anciens rois d'Egypte, puis par Alexandre, par César et en dernier lieu par Napoléon I⁰ʳ, de relier la Mer Rouge à la Méditerranée au moyen d'un canal maritime.

Le contrat qui constatait la constitution régulière de cette Société, sous le nom de « Société d'Etudes du Canal de Suez », au capital de francs 150,000, était signé par le célèbre ingénieur R. Stephenson, représentant le groupe anglais d'une part, — Dufour Féronce, Sellier et L. de Negrelli, ingénieur en chef des chemins de fer autrichiens pour le groupe allemand, de seconde part — et les frères Talabot, Arlès Dufour et E. Enfantin — (celui-là même qui est resté célèbre sous le nom de Père Enfantin) — représentant le groupe français, de troisième part (1).

Il est à peine besoin de dire que, parmi les adhérents de la première heure, se trouvait S. E. le Baron de Brück qui, ainsi qu'on peut s'en convaincre en parcourant la correspondance, ne tarda pas à devenir un des agents les plus actifs de cette Société dont Mr. Ferdinand de Lesseps se trouvait être aussi un des membres.

Aussitôt constituée, la Société d'Etudes se mit à l'œuvre ; des brigades

---

(1) Voir ce contrat au dossier.

d'ingénieurs sous la direction de Mr. le Chev. de Negrelli, chef du groupe dit allemand, furent envoyées en Egypte pour y procéder aux études préliminaires, pendant qu'en Europe on faisait agir la diplomatie.

Un moment entravées par les événements révolutionnaires de 1848 en France, en Italie et en Hongrie, les négociations furent activement reprises en 1850.

« La France » — écrivait Mr. Enfantin à Mr. de Negrelli dans sa lettre du 17 Octobre 1850 — « ne peut arriver qu'en seconde ligne dans une « pareille entreprise et c'est naturel, car c'est vraiment l'Autriche (1), « surtout aujourd'hui, qui est la plus intéressée à transformer ainsi les « relations de l'Europe avec l'Orient ». — Par sa situation et ses relations personnelles avec S.M. l'Empereur, nul, mieux que S. E. le Baron de Brück, n'était, suivant Mr. Enfantin, en mesure d'agir pour amener le Gouvernement Autrichien à prendre l'initiative des négociations diplomatiques.

Ce fut en effet l'Autriche qui, sous l'impulsion du Baron de Brück, fut la première à se déclarer favorable au percement de l'isthme de Suez et à faire tenir à son ambassadeur à Constantinople, des instructions l'invitant à agir auprès de la Sublime Porte pour contrecarrer les menées de l'Angleterre, toujours hostile à l'exécution du Canal.

Le moment n'était malheureusement pas propice et d'autres préoccupations beaucoup plus graves sollicitaient l'attention de la diplomatie (2) : on pressentait déjà la guerre de Crimée ; — lorsque, en Septembre 1854, la coïncidence inespérée de deux événements décisifs vint assurer le succès à bref délai de la grande œuvre poursuivie.

S. E. le Baron de Brück fut nommé Ambassadeur d'Autriche à Constantinople ; on pouvait compter sur son influence et sur son habileté pour triompher des résistances du Gouvernement Ottoman.

---

(1) Voir aussi : Lettre de Barthélemy St. Hilaire à Mr. de Negrelli du 19 Février 1856. Lettre du même au même, 26 Novembre 1857.

(2) Voir les deux lettres inédites et très-intéressantes du Père Enfantin, adressées le même jour, 28 Novembre 1853, l'une au Baron de Brück et l'autre à Mr. de Negrelli.

Presque à la même époque, Saïd-Pacha succédait sur le trône à S. A. Abbas-Pacha, homme réfractaire à toute idée de progrès et hostile par principe à toute immixtion des Européens dans les affaires d'Egypte. Le nouveau Souverain était l'ami personnel de Mr. F. de Lesseps, qui, lors de son séjour en Egypte comme Consul Général de France, avait eu occasion de lui rendre de signalés services ; Saïd-Pacha d'ailleurs était, au contraire de son prédécesseur, l'ami et l'admirateur des Européens.

Le Baron de Brück à Constantinople, Mr. de Lesseps en Egypte, tous deux convergeant vers un même but, l'un avec l'autorité considérable que lui assurait auprès de la Sublime Porte sa qualité de représentant d'une des Puissances prépondérantes, l'autre, grâce à l'ascendant personnel qu'il avait su conserver sur Saïd-Pacha, c'était, pour la Société d'Etudes, la réalisation prochaine de l'entreprise en vue de laquelle elle s'était constituée.

Après s'être au préalable concerté avec ses co-associés, Mr. F. de Lesseps, sans perdre de temps, partit pour l'Egypte : la Société d'Etudes avait eu raison de compter sur l'amitié personnelle de Saïd-Pacha pour lui, car dès le 30 Novembre 1854, l'obtention du firman de concession du percement de l'isthme de Suez était un fait accompli et Mr. de Lesseps se trouvait en mesure de notifier ce résultat à ses associés et d'envoyer avec la concession « tous les documents bien en règle » à Mr. Arlés Dufour, un des associés, à ce moment Secrétaire général de la Commission Impériale de l'Exposition Universelle de Paris.

Les co-intéressés étaient autorisés à croire que Mr. de Lesseps avait obtenu la concession au nom et pour compte de la Société d'Etudes et cette conviction ressort à toute évidence de la correspondance échangée en Décembre 1854 et Janvier 1855 entre Mr. Arlés Dufour, Mr. le Chev. de Negrelli et Mr. Enfantin (1).

---

(1) Voir lettres du 20 Décembre 1854, 3 et 5 Janvier 1855 de Mr. Arlés Dufour à Mr. de Negrelli (cette dernière contenant copie d'une lettre à S. A. l'Archiduc Maximilien) et des 4 et 23 Janvier 1855 de Mr. Enfantin.

En Avril 1855, cependant, l'attitude quelque peu équivoque de Mr. de Lesseps, son silence prolongé, ne laissèrent pas d'éveiller dès alors, chez ses collaborateurs, de vagues soupçons sur le rôle de leur représentant en Egypte, soupçons que les encouragements de S. M. Napoléon III et du Baron de Brück lui-même ne parvinrent pas à dissiper complètement (1).

Les pressentiments de Mr Enfantin et de Mr Arlès Dufour n'étaient que trop fondés; Mr F. de Lesseps n'avait en réalité agi que pour son propre compte, en cherchant à se débarrasser de collaborateurs qu'il considérait désormais comme inutiles et à rester maître exclusif de la situation. Mais si cela lui était possible au regard de la plupart d'entre eux, il n'en allait pas de même en ce qui concernait le Baron de Brück et le Chevalier de Negrelli dont il sentait bien que le concours devait lui être plus que jamais nécessaire.

Ingénieur de la plus haute valeur et d'une autorité incontestable en Europe, Mr. le Chev. de Negrelli avait dressé tous les plans, les tracés et les devis du futur canal; il avait fait toutes les études que comportait une aussi vaste entreprise et connaissait la question à fond. Seul il était en mesure de répondre avec compétence aux objections techniques qui, de toutes parts, s'élevaient contre la réalisation d'un projet déclaré, par les hommes de l'art, impossible et impraticable. Stephenson lui-même, un des membres de la Société d'Etudes, combattait l'idée d'un canal libre sans écluses avec passage par Péluse, idée dont le Chev. de Negrelli démontrait scientifiquement l'exactitude et dont l'exécution a été la meilleure réponse aux adversaires acharnés du projet: on sait que Mr. de Lesseps n'a jamais été ingénieur.

D'autre part, si, grâce aux bonnes dispositions de Saïd Pacha, le premier obstacle avait été écarté, il restait encore à surmonter les difficultés diplomatiques que, à l'instigation de l'Angleterre, la Sublime Porte continuait à soulever; il y avait donc tout intérêt à ne pas s'aliéner les sympathies et

(1) Voir lettres d'Arlès-Dufour à Mr. F. de Lesseps du 16 Juin 1855 et du même à Mr. de Negrelli du 20 Juin 1855.

à conserver l'appui du Baron de Brück qui, à ce moment même Ambassadeur d'Autriche à Constantinople, pouvait tenir tête aux hommes d'Etat anglais et déjouer leurs menées.

Et Mr. de Lesseps le comprenait si bien que sa première pensée, aussitôt la concession obtenue en Egypte, fut de s'assurer la coopération (1) précieuse de cet homme d'Etat, qu'il ne cesse, dans sa correspondance, de qualifier, jusqu'à la fin, comme « son meilleur guide, son chef de file » en faisant, en toute circonstance, appel à ses hautes lumières et en reconnaissant les services qu'il avait rendus et qu'il continuait à rendre à l'œuvre commune (2).

En Janvier 1855 le Baron de Brück est appelé par Son Auguste Maître à remplir les hautes fonctions de Ministre des Finances du Gouvernement Autrichien.

Et voici comment Mr. Enfantin appréciait cette nomination :

Paris, le 23 Janvier 1855.

« . . . .
« Notre satisfaction vient de s'accroître encore d'une manière bien sensible quand nous
« avons appris l'élévation si méritée, et j'ose le dire, si providentielle de S.E. le Baron de Brück
« au Ministère des Finances.
« Notre illustre collègue vient de faire à Constantinople, nous le savons, la constatation
« la plus énergique de l'intérêt que son Gouvernement et lui-même portent à l'affaire de Suez.
« Sa pensée continuera à y être représentée avec zèle par son successeur, et lui, il revient à
« Vienne au moment où il peut y être le plus utile pour la réalisation des actes diplomatiques
« qui doivent assurer l'exécution de notre œuvre internationale. — Nous vous prions, cher col-
« lègue, Arlès et moi, de faire agréer à S.E. le Ministre des Finances nos félicitations pour la
« haute influence que Son Empereur et Dieu lui ont assignée sur les destinées actuelles, si gran-
« des et si fécondes, de l'Empire d'Autriche; influence qui se manifestera bien certainement
« d'une façon toute particulière dans la réalisation de la jonction des deux mers ».

Le 6 Janvier 1856, un second firman de Saïd Pacha était venu confirmer à Mr. de Lesseps la concession déjà précédemment accordée, et le 2 Mars 1856, celui-ci, pressentant combien, dans la réussite de l'affaire,

---

(1) Voir la note adressée par Mr de Lesseps à Saïd Pacha le 15 Février 1855, publiée dans l'ouvrage "Lettres, Journal et documents pour servir à l'histoire du Canal de Suez," page 120.
(2) Voir la lettre adressée par Mr. de Lesseps à Mr. de Negrelli en date du 27 Août 1857.

au point de vue financier cette fois, pouvait lui être utile l'appui du Ministre des Finances de l'Autriche, adressait la note suivante à Mr. le Chevalier de Revoltella, son agent à Trieste :

« S.E. Mr. le Baron de Brück a été prié de la part de S.A. le Vice-Roi d'Égypte de dé-
« signer le banquier à Vienne qui s'entendra avec Mr. le Chevalier de Revoltella sur le moment
« qui sera jugé le plus opportun pour l'ouverture de la souscription en Autriche. Le Banquier
« de la Compagnie à Vienne sera l'un des Administrateurs. — Ainsi, le Conseil d'Administra-
« tion comptera cinq membres pour l'Autriche : S.E. Mr. le Baron de Brück, qui a bien voulu
« accepter l'une des trois Vice-Présidences,........ S.A. le Vice-Roi a en outre fait mettre à la
« disposition de S.E. le Baron de Brück, pour les distribuer en Autriche, trois parts de
« membres fondateurs, divisibles chacune d'elles en dix fractions....... **Ces parts sont**
« **indépendantes de celles qui ont été antérieurement réservées à MMrs. le**
« **Baron de Brück, Chevalier de Negrelli et Chevalier Revoltella** ».

Ainsi, à une année d'intervalle, Mr. F. de Lesseps confirmait une première fois, la présentant dès alors comme un fait accompli, l'attribution de la part entière de fondateur pour laquelle, depuis le mois d'Avril 1855, le Baron de Brück se trouvait inscrit dans la première liste de soixante noms que Saïd Pacha avait définitivement approuvée. — La note ci-dessus rapportée vient en outre affirmer encore mieux le rôle prépondérant que Mr. de Brück avait dans l'entreprise du Canal.

Il serait trop long et d'ailleurs sans intérêt, de relater ici par le menu les péripéties qui, de 1856 à 1858, ont précédé la constitution définitive de la Compagnie de Suez : ce qu'il importe de retenir c'est que, en Septembre 1858, les statuts avaient été approuvés ; que Mr. de Lesseps avait procédé à l'éta-blissement des Agences de la Compagnie à l'étranger et en France ; qu'il avait même pu recueillir des souscriptions particulières dont le total s'éle-vait déjà à 80 millions de francs et que la réunion du premier Conseil d'Administration, dont les membres étaient nommés, se trouvait fixée pour le 15 Novembre suivant.

C'est du moins ce qui résulte expressément de la lettre que, le 24 Sep-tembre 1858, il adressait à Mr. le Chevalier de Negrelli.

Dans cette lettre qui est décisive aux débats actuels et qui, par suite,

est à lire toute entière, Mr. F. de Lesseps, après avoir mis Mr. de Negrelli
au courant de ce que dessus, ajoutait :

« Mr. de Revoltella ne m'a pas encore répondu au sujet d'une demande que je l'avais prié
« de faire au Baron de Brück, *dont je désirais rattacher le nom à la réunion du premier*
« *Conseil d'Administration:* j'ai beaucoup réfléchi à la situation qu'il pourrait y avoir, et
« comme sa position officielle ne lui permettrait pas évidemment un titre actif, *proposez-lui*
« *d'être Président Honoraire de la Compagnie Universelle.*

« Mr. Revoltella ne m'a pas dit non plus si les maisons Sina, Eskels et Rothschild de
« Vienne seraient disposées à être administrateurs de la Compagnie pour l'Autriche; s'ils le
« désirent, vous pourriez distribuer ainsi les trente actions de membres fondateurs que j'avais
« laissées dans le temps à la disposition du Baron de Brück et à la vôtre »,... (*suit un projet de
répartition de ces trente actions*).

« **De plus, vous êtes inscrit sur le Registre des fondateurs pour dix**
« **actions de fondation, le Baron de Brück pour dix également, et le chevalier**
« **Revoltella pour cinq** ».

Il n'eût pas été besoin d'une nouvelle confirmation aussi formelle : la
qualité de membre fondateur du Baron de Brück et son droit définitivement acquis à la propriété d'une part entière, déjà fractionnée en dix
actions, ne formaient l'objet d'aucune discussion et il semblait au contraire que Mr. de Lesseps eût à cœur d'écarter jusqu'à la possibilité de
tout malentendu à cet égard.

Sans anticiper sur la discussion, une pareille déclaration, faite au
moment même où la Compagnie Universelle se constituait et commençait
à fonctionner, l'affirmation catégorique d'une inscription définitive dans
le Registre des fondateurs et du nombre exact des parts attribuées, ne
suffiraient-elles pas, à elles seules, indépendamment de toutes autres considérations, à consacrer le droit acquis et irrévocable ?

Deux mois à peine après cette lettre, suivant procès-verbal du
20 Décembre 1858, la Compagnie Universelle du Canal Maritime de
Suez, par l'organe de son Conseil d'Administration, déclarait expressément « *se substituer à toutes les obligations et charges contractées, antérieurement à la constitution de la Société, tant par le Vice-Roi, que par
Mr. F. de Lesseps* ».

Par un autre procès-verbal du 12 Février 1859, elle décidait « *la*

« création de mille certificats nominatifs représentant une part d'un mil-
« lième dans les 10 % attribués, sur les produits annuels, aux membres
« fondateurs de l'Entreprise du percement, par l'article 19 de l'acte de con-
« cession ; elle autorisait en même temps le Comité de Direction à rem-
« bourser leurs avances aux membres fondateurs ».

Sur ces entrefaites, au mois d'Avril 1860, le Baron de Brück vint à
mourir subitement à Vienne, dans des conditions tragiques qu'il est
sans intérêt de rappeler ici. Ses enfants, la plupart en bas âge du reste,
étaient tous absents; il n'y eut à son lit de mort que la veuve éperdue, trop
abîmée dans la douleur d'une catastrophe aussi terrible, pour songer à
autre chose.

Que se passa-t-il dans le désarroi et la confusion des premières heures
qui suivirent le décès?..... Il advient souvent que les grands de ce monde
sont, à leurs derniers instants, livrés sans défense aux convoitises de leur
entourage....... Toujours est-il que lorsque, avec le concours de l'autorité
judiciaire, la famille fit procéder à l'inventaire des papiers du défunt, on
ne trouva pas la moindre trace d'un document quelconque, d'un bout de
lettre, d'une note, qui permissent, sinon de rétablir le rôle qu'avait eu le
défunt dans l'entreprise du Canal de Suez, du moins de laisser supposer
qu'il avait pu, à un moment donné, y être mêlé même indirectement et de
loin. Et cependant le volumineux dossier que nous produisons et l'ouvrage
même publié par Mr. de Lesseps sous le titre « Lettres, Journal et Documents pour servir à l'histoire du canal de Suez » ne peuvent laisser de
doute sur le nombre et l'importance des documents que, de 1846 à 1860,
le Baron de Brück avait nécessairement dû recueillir sur cette affaire et
classer avec soin.

Qu'était donc devenu ce dossier? Qui l'avait fait disparaître?.....

Comment se fait-il que des liasses volumineuses de papiers personnels appartenant sans conteste au Chev. de Negrelli et au Baron de
Brück, d'innombrables lettres confidentielles à eux adressées par leurs
collègues de la Société d'Etudes et par Mr. Ferdinand de Lesseps lui-même,

toutes ou presque toutes les pièces, en un mot, qui établissaient leur coopération incessante à l'œuvre du Canal de Suez et les droits qui leur avaient
été reconnus et attribués, se soient plus tard trouvées en la possession du
Chev. de Revoltella, l'ami, l'homme de confiance de Mr. de Lesseps,
celui-là même que, sans aucun titre apparent pouvant justifier ou expliquer
cette insigne faveur, il ne tardait pas à appeler aux plus hautes fonctions
dans la Compagnie?.....

Ce qui est certain, c'est que, longtemps après, parmi les papiers que
la ville de Trieste, légataire universelle du Chev. de Revoltella, avait
recueillis dans la succession de celui-ci et qui avaient été relégués dans
les combles du Palais Communal, un hasard, que l'on peut bien qualifier
de providentiel, faisait découvrir toute une série de documents évidemment soustraits à leurs véritables propriétaires et venant fournir la preuve
de la tentative de spoliation dont, à leur insu, les héritiers de Brück
avaient été victimes.

C'est ainsi que put être reconstitué, dans sa presque intégralité, ce
dossier si intéressant à tous égards et dont l'existence, ignorée jusque-là,
permet aujourd'hui aux intéressés de revendiquer des droits incontestables, contre la reconnaissance desquels on pouvait se croire à tout jamais
à l'abri.

Comment et à quel titre tous ces documents se trouvaient-ils entre
les mains de Mr. le Chev. de Revoltella?.....

Il est probable que l'on se serait perdu en vaines conjectures, si
certaines pièces, très-suggestives, trouvées aussi parmi les papiers de la
succession Revoltella, n'étaient venues jeter une lueur rapide sur les
ténèbres qui recouvraient ce lointain passé.

Parmi les familiers de la maison de Brück, se trouvait un Chevalier Weiss de Starkenfeld, auquel ses liens d'étroite parenté avec le
Chevalier de Negrelli, l'ami fidèle et le collaborateur du Ministre, permet-
taient d'avoir à tout moment, et sur le pied de la plus grande intimité,
accès auprès de ce dernier. — Que pouvait avoir de commun avec le
sieur de Revoltella, ce personnage dont le rôle n'apparaît pas bien net.

et défini ? quels intérêts ont, à un moment donné, et tout à coup, rapproché ces deux hommes qui au mois d'Octobre 1858 ne se connaissaient certainement pas encore, et qui, à moins d'un mois d'intervalle, en arrivaient à se tutoyer ?...... (1)

Ce qui est certain c'est que, par sa lettre du 16 Octobre 1858, écrite peu de jours après le décès du Chev. de Negrelli, le dit Weiss de Starkenfeld informait le chev. Revoltella, à Trieste, « qu'il avait retiré « des papiers du défunt Negrelli, son beau-frère, tous ceux qui concernaient « l'Isthme de Suez ». Il l'avisait en outre « qu'il resterait à la campagne « (Kalksbourg, près Vienne) et que à partir du 28 Octobre, il habiterait à « Vienne, Kaertnerstrasse, N° 1077, au 4ᵐᵉ étage ».

Ce qui est certain, c'est que dès le mois de Janvier 1859, ce même Revoltella écrivant à Mr. F. de Lesseps, à Paris, proposait, — et en quels termes chaleureux ! — de faire attribuer au susnommé Weiss de Starkenfeld, une *gratification* de frs. 5,000 à prélever sur les 25,000 que la Compagnie de Suez était disposée à verser à la veuve Negrelli à titre de rémunération pour les services rendus par son défunt mari. — A quel titre Weiss de Starkenfeld, qui n'avait jamais eu avant, et n'a jamais eu depuis, ni au point de vue technique, ni au point de vue des négociations diplomatiques, un rôle, une coopération *quelconques* dans les travaux préparatoires de l'entreprise, pouvait-il être admis à distraire de *l'aumône* que la Compagnie faisait à la femme et aux enfants de celui auquel était dû le tracé du Canal, cette somme de francs 5,000 ? lui surtout, qui s'apitoyait hypocritement sur la situation précaire où se trouvaient sa sœur et ses infortunés neveux ? — A quel titre Revoltella, qui le connaissait à peine et qui semblait, à en croire la correspondance, si dévoué au défunt Negrelli et si fidèle à sa mémoire, apportait-il tant d'ardeur et d'insistance en faveur d'un étranger dont deux mois avant il ignorait peut-être même le nom ; et ce au point de spolier, au profit de cet inconnu, la veuve et les enfants de son ami et bienfaiteur ?

(1) Confrontez au dossier : lettre de Weiss de Starkenfeld du 16 Octobre 1858 et dépêche du même à Revoltella du 1ᵉʳ Novembre 1858.

Ce qui est certain enfin, c'est que, par la plus extraordinaire des coïncidences, tous les papiers de Negrelli, auxquels faisait allusion le nommé Weiss de Starkenfeld dans sa lettre du 16 Octobre 1858, ont été retrouvés dans la succession Revoltella !!!...

Les documents de Negrelli livrés pour cinq mille francs ! — L'homme qui, pour un si misérable appât, n'avait pas hésité à trahir sa propre famille, ne devait pas se faire un scrupule exagéré de renouveler, à l'occasion, le même méfait contre de simples étrangers ; et cette occasion, — pour lui qui avait ses grandes et petites entrées dans la maison de Brück, — l'absence des enfants du Baron au lit de mort de leur père et l'affolement de la pauvre veuve foudroyée par une catastrophe aussi terrible qu'inattendue, la rendaient trop propice pour qu'il la laissât échapper.

Car, le doute ne saurait être permis : tout comme le dossier Negrelli, les papiers du Baron de Brück relatifs à l'isthme, ont été livrés à Revoltella, puisqu'on les a retrouvés dans la succession de ce dernier ; — on se trouve ici en présence du fait brutal, et si, pour ce qui concerne la disparition du dossier de Brück, aucune pièce accusatrice ne permet de rétablir les accords des deux complices, la similitude des résultats, l'analogie frappante des situations, la reproduction du même fait, l'identité du but poursuivi et atteint, la coïncidence de l'intérêt qui s'attachait aux documents successivement soustraits et réunis plus tard dans une même main, tout cela constitue un ensemble décisif de conjectures qui amène à une certitude.

Mais, au surplus, qu'importe ? Soustraits ou non, par qui et comment, ces documents existent et sont aujourd'hui entre les mains de ceux qui seuls auraient eu le droit de les avoir toujours ; ils établissent et consacrent le droit revendiqué ; ils démontrent que, dès la première heure et jusqu'à la constitution définitive de la Société, le Baron de Brück était devenu et est resté propriétaire d'une part entière de fondateur : voilà l'essentiel.

Le long silence gardé, — on sait maintenant pourquoi, — par ses héritiers, peut-il, par lui-même, former obstacle à la revendication du droit.

qui reposait sur la tête de leur auteur ? — En d'autres termes, leur réclamation se trouve-t-elle éteinte par la prescription tirée du non-usage pendant le temps légal ?

Si les hoirs de Brück n'étaient en mesure de justifier que de simples promesses de F. de Lesseps, d'engagements non suivis d'exécution, on se trouverait peut-être en présence d'une action qui aurait sa source dans une pure obligation personnelle de faire, non exécutée, prescriptible par le seul effet du temps écoulé et effectivement prescrite.

Mais si tel n'est pas le cas, si le Baron de Brück était membre fondateur de la Compagnie de Suez, si cette qualité se trouve établie et démontrée, on ne saurait venir parler ici de prescription. Le principe de l'imprescriptibilité de l'action, — principe rigoureusement conforme aux règles du droit sur cette matière, — se dégage nettement des termes d'un arrêt rendu le 25 Février 1895 par la Cour de Paris, qui, ayant à statuer précisément sur une revendication de parts de fondateur de cette même Compagnie de Suez, a indiqué dans ses considérants que, pour pouvoir échapper à la prescription soulevée préjudiciellement par la Compagnie, il faut, au préalable, « établir que la qualité de fondateur a, à un moment quelconque, résidé sur « la tête du réclamant. »; ce qui équivaut à dire que les droits des membres fondateurs sont imprescriptibles au regard des intéressés dont la qualité viendrait à être établie et démontrée.

La Compagnie le comprend si bien que, pour pouvoir trouver une base à la prescription dont elle veut arguer, elle est obligée de soutenir, contre l'évidence, que la qualité revendiquée en l'espèce, n'aurait pas été acquise.

En présence des pièces produites, on n'ose contester ni le concours prêté à l'œuvre commune par le Baron de Brück, ni le droit que ce concours lui donnait, de par le firman même de concession, d'être dès la première heure compris parmi les membres fondateurs, ni la reconnaissance formelle de ce droit par S.A. le Vice-Roi et par de Lesseps, ni l'attribution effective, itérativement confirmée, d'une part déterminée, afférente à sa qualité reconnue de fondateur; mais on vient alléguer : « que tout ce « qu'a pu promettre ou faire de Lesseps n'avait qu'un caractère provi- « soire et était subordonné à la ratification finale du Souverain dont il

« n'était que le mandataire ; — que le Souverain avait pu en effet com-
« prendre de Brück dans une première répartition de 60 membres, ap-
« prouvée dès l'année 1855, mais qu'il se serait plus tard ravisé, et,
« — sur la liste « définitive cette fois » par lui arrêtée et ratifiée en Mai
« 1861 (*près de trois ans après la constitution de la Société de Suez*), —
« aurait effacé le nom du Baron, alors décédé, pour le remplacer par
« celui d'un vivant ».

Et pour toute preuve de ces articulations, on invoque un certificat
négatif de Mⁿ Mahot de la Quarantonnais, notaire à Paris, constatant simplement que le nom du Baron de Brück ne figurerait pas dans un document déposé le 18 Mai 1893 au rang de ses minutes, par Mr. Guichard,
Vice-Président de la Compagnie, document qualifié, d'après l'acte de
dépôt : « *liste nominative des membres fondateurs de la Compagnie*
« *Universelle du Canal Maritime de Suez, écrite sur les trois premiers*
« *rôles de deux feuilles de papier non timbré, délivrée à Alexandrie le*
« *4 Mai 1861, par Kœnig bey, Secrétaire des Commandements de S.A. le*
« *Vice-Roi, et par lui certifiée conforme à la liste originale déposée aux*
« *archives du Cabinet de S.A. le Vice-Roi* ».

Que si, — malgré les incontestables services rendus à la grande œuvre
par de Brück, — malgré tous les droits qu'il aurait eu d'y figurer en tête
de ligne, — son nom ne se retrouve plus sur cette liste, — alléguée et non
produite, — c'est, disait avec autant d'esprit que d'à-propos l'honorable
défenseur de la Compagnie, que « probablement, de Brück étant déjà
« décédé à ce moment (4 Mai 1861), on aura préféré un vivant à un mort ».

Comme on le voit, la Compagnie concentre toute sa défense sur un
document qui, à l'en croire, couperait court à la réclamation des héritiers
de Brück et écarterait, comme inopérantes et inefficaces, les preuves,
apportées par ces derniers, de la qualité de fondateur dont le défunt avait
été investi ; — de la sincérité ou de la fausseté de ce document, elle fait
donc, en somme, dépendre la solution du litige, puisque, la qualité de
fondateur étant imprescriptible et se trouvant ici établie, la prescription

ne pourra se poser tant que l'on n'aura pas, au préalable, démontré, à l'encontre des titres produits, l'inexistence, *en fait*, de cette qualité, — démonstration que l'on prétend tirer de cet acte même.

La première idée qui se présente à tout esprit sensé, c'est que, pour apprécier s'il a réellement la valeur et la portée qu'on lui attribue, il faut *nécessairement* que l'acte invoqué soit produit aux débats, et qu'il soit produit en entier, *dans son original même*. — Suffit-il à un plaideur de venir, par une affirmation hautaine et dédaigneuse, opposer, en sa propre cause, son simple témoignage à des droits résultant de reconnaissances et d'engagements formels?

Or, — chose étrange mais très-explicable comme on le verra, — cet acte, la Compagnie se borne à l'alléguer, mais *elle ne le produit pas*; elle refuse même, avec une indomptable énergie, de le produire, voire même en copie! Ce serait, paraît-il, le secret des familles! (1)

Une pareille résistance à toute exhibition d'un document « soi-disant libérateur », donne à réfléchir; dissimuler le titre constitutif de sa défense et chercher par ce moyen à éluder la preuve matérielle de la fausseté de ce titre......, il y a là un côté moral qui, semble-t-il, échappe complètement à la Compagnie. On va être, du reste, fixé sur les vrais mobiles de cette attitude.

Quoi qu'il en soit, les héritiers de Brück pourraient, en l'état, se borner à répondre:

« La qualité de fondateur de notre père et grand-père, et, par suite, « l'existence du droit que nous revendiquons, sont établies par des actes « itératifs dont vous ne contestez et ne pouvez contester ni la sincé- « rité ni la valeur probante. D'après ces actes, qui émanent de celui-là « même auquel vous êtes substituée et dont par une déclaration solennelle « vous avez assumé tous les engagements, le Baron de Brück était, non- « seulement porté sur une première liste de fondateurs *définitivement*

---

(1) Ce « secret des familles » devait, aux termes de l'article 8 du firman de concession, être publié en tête des Statuts!...

« approuvée, mais *inscrit dans le registre même* de la Société comme fon-
« dateur. Vous alléguez qu'il existerait une liste postérieure ayant modifié
« la précédente; vous arguez de la sincérité et de la valeur probante de
« cette liste : produisez-la! Tant que vous ne l'aurez pas produite et que,
« même produite, elle n'aura pas formé l'objet d'un examen **contradictoire**,
« votre exception devra être considérée comme non avenue parce que : *reus*
« *in excipiendo fit actor*; et notre demande à nous, héritiers de Brück,
« basée sur des titres précis et certains, doit être accueillie ».

Mais, quelque anomalie qu'il y ait à argumenter en justice sur un
document hypothétique dont ni les parties ni les magistrats ne sont mis
en mesure d'apprécier la valeur et le caractère, il ne sera pas difficile
d'établir que si la fameuse pièce, déposée en 1893, chez M⁰ Mahot de la
Quarantonnais, n'est pas produite, c'est parce que cette pièce ne serait
pas la liste véritable transmise en 1861 à la Compagnie par Kœnig Bey,
au nom de S. A. Saïd Pacha, ou qu'elle aurait été l'objet d'altérations
commises plus tard, en vue de faire échec aux réclamations qui s'annon-
çaient et de consacrer la spoliation dont certains fondateurs soutenaient
avoir été victimes.

Et d'abord, les héritiers de Brück posent le dilemme suivant qui, à
première vue, se présente comme une pétition de principe, mais auquel
on ne saurait échapper.

Ou le Baron de Brück est porté sur la liste qui se trouve chez M⁰ Mahot
de la Quarantonnais, et alors il ne saurait plus y avoir de procès, la qualité de fondateur reconnue et constante étant par elle-même exclusive de
toute prescription en l'état.

Ou le Baron de Brück n'y figure pas, et alors, a priori, cette liste est
apocryphe, parce que il n'est pas possible, entend-on bien, *pas possible* que
le nom du Baron de Brück ne figurât pas sur la liste vraie transmise
en 1861 par Kœnig Bey.

Or, s'il faut s'en tenir aux affirmations de la Compagnie, le Baron de Brück ne figure pas sur la pièce qui se trouve déposée chez Me Mahot de la Quarantonnais.

Donc cette pièce est fausse et apocryphe.

C'est ce qui va être démontré.

§

Il importe avant tout de faire justice de l'explication fantaisiste et commode suivant laquelle S.A. Saïd Pacha et F. de Lesseps auraient « probablement préféré un vivant à un mort et supprimé au dernier mo- « ment de Brück de la liste des fondateurs ».

Cette prédilection pour les vivants eût dénoté certes un bon naturel ; mais en Novembre 1860, et à fortiori en Mai 1861, il ne pouvait plus être question de « préférer des vivants à des morts », ni encore moins de porter atteinte à des droits IRRÉVOCABLEMENT acquis : la Compagnie de Suez, définitivement installée depuis le 20 Décembre 1858, s'était, comme on l'a vu, « substituée à toutes les obligations et charges contractées anté- « rieurement à la constitution de la Société, tant par le Vice-Roi que par « Mr. F. de Lesseps » ; — en outre, dans sa séance successive du 12 Fé- vrier 1859, le Conseil d'Administration avait réglé la situation des mem- bres fondateurs « en décidant la création de certificats nominatifs destinés « à représenter leurs parts dans les bénéfices statutaires, et en autorisant « le Comité de direction à leur rembourser leurs avances ». Il n'appartenait donc plus ni à Mr. de Lesseps, ni au Vice-Roi, de revenir, en 1860 et encore moins en 1861, sur le fait accompli, la qualité de fondateur impliquant nécessairement, comme le mot d'ailleurs l'indique, une société en voie de formation et devant, d'après le plus élémentaire bon sens, précéder et non suivre la constitution de cette même société (1).

Or, en Décembre 1858, en Février 1859, le Baron de Brück était vivant; il était même Ministre des Finances du Gouvernement Autrichien, et l'on avait si peu songé à l'évincer que, le 14 Novembre 1860, alors qu'il était mort depuis plusieurs mois déjà, Mr. F. de Lesseps écrivait encore à son fidèle chev. de Revoltella :

> « Je déplore toujours la mort de notre excellent Baron de Brück et je vous avoue que « depuis cette perte je ne compte plus sur le concours financier de l'Autriche..... Vous ne « trouverez pas mauvais que j'en veuille à votre Gouvernement pour sa conduite envers le « Baron de Brück et envers vous et que je n'aie pas une grande confiance en lui ».

Il y a plus :

Non seulement il n'était venu à l'idée de personne, pas plus de S.A. Saïd Pacha que de F. de Lesseps, d'évincer le Baron de Brück d'un droit irrémissiblement acquis et entré dans son patrimoine; non seulement, si même une pareille idée leur était venue, ils n'auraient pu, après le 20 Décembre 1858, la mettre à exécution; mais les actes et les documents officiels de la Compagnie démontrent à toute évidence que, *en fait*, le Baron de Brück se trouvait encore inscrit sur la liste véritable de 1861 :

Le 20 Novembre 1860, Mr. F. de Lesseps, agissant cette fois comme Président du Conseil d'Administration de la Compagnie déjà constituée depuis plus de deux ans, adressait à Mr. Richard Kœnig bey, Secrétaire des commandements du Cabinet de S.A. Saïd Pacha, la lettre officielle suivante:

---

(1) Tels étaient du reste l'esprit et la lettre du firman de concession et des Statuts de la Compagnie.

« Par son Décret du 19 Mai 1855, Son Altesse, sur ma proposition formulée dans mon
« rapport du 30 Avril précédent, a approuvé une première liste de soixante mem-
« bres fondateurs et m'a laissé le soin de compléter cette liste par l'adjonc-
« tion des personnes qui m'auraient aidé dans la fondation de l'Entreprise....
« J'ai l'honneur de vous remettre aujourd'hui (*Novembre 1860 !*) la liste complétée des
« membres fondateurs, afin qu'elle reste déposée dans les archives du Cabinet Vice-Royal et que
« vous puissiez, après avoir pris les ordres de S.A., m'en délivrer une copie authentique ».

Voilà qui est aussi clair que décisif : la *première* liste de 60 membres,
définitivement approuvée en 1855, et sur laquelle figurait sans contestation
possible (1) le Baron de Brück ensemble avec de Negrelli et Revoltella,
n'avait donc jamais formé l'objet d'un remaniement *quelconque* ; telle elle
avait été arrêtée et approuvée en 1855 par S.A. Saïd Pacha, telle elle était
restée ; c'est de Lesseps lui-même, parlant au nom de la Compagnie, qui
l'écrit en Novembre 1860. — Mr. de Lesseps ajoutait, il est vrai, que,
conformément aux pouvoirs à lui conférés par S.A., il avait, depuis,
complété cette liste ; mais *compléter* une liste ne signifie pas *modifier* une
liste préexistante déjà *arrêtée* et *approuvée*, et d'ailleurs, le fait de se référer
à la teneur de son rapport du 30 Avril 1855 qui visait l'*adjonction* de membres *nouveaux* à désigner ultérieurement, ne peut prêter à équivoque sur
le sens du mot « *complétée* » employé par le rédacteur de cette lettre.

Saïd Pacha, qui aime si peu les morts, va sans doute, au reçu de cette
même lettre et de la liste qu'elle accompagne, répondre par une autre liste
remaniée par lui et plus conforme à ses nouvelles sympathies ? Il faut
croire que si telle a été son intention, ses ordres ont été bien mal exécutés,
puisque Kœnig Bey, son secrétaire, se borne à retourner, quelque temps
après, à la Compagnie, une expédition certifiée conforme, de la *propre*
liste que Mr. de Lesseps venait de lui envoyer, sans rien y changer ni
retrancher, en l'informant simplement que l'original, tel qu'il l'a reçu,
a été déposé dans les archives (2).

(1) Voir l'exposé ci-dessus.
(2) Voir les documents officiels publiés par Mr. de Lesseps dans l'ouvrage « Lettres,
Journal et Documents pour servir à l'Histoire du Canal de Suez » (Édition Didier, 1875).

D'ailleurs, comment aurait-il pu en être différemment ? En présence des assurances formelles et réitérées que, sur la foi de la parole Vice-Royale et de l'accord intervenu, Mr. F. de Lesseps avait données, et que, dans sa séance du 20 Décembre 1858, la Société avait solennellement ratifiées en se substituant aux charges et aux obligations antérieurement contractées, est-il admissible que Saïd Pacha ait songé à se raviser et à mettre en échec des droits acquis et reconnus ? et ce prétendu revirement du Souverain n'eût-il pas donné lieu à de respectueuses remontrances, si non à des protestations, de la part de celui auquel on aurait voulu faire jouer un rôle aussi fâcheux que ridicule ?

On doit donc, dès maintenant, retenir comme constant, que jusqu'au 4 Mai 1861, le Baron de Brück était encore membre fondateur de la Compagnie, puisque, nécessairement, il figurait *et ne pouvait pas ne pas figurer*, tant sur la liste originale déposée aux archives Vice-Royales, que sur l'expédition authentique de cette même liste délivrée par Kœnig bey.

Que s'il ne figure pas dans la pièce actuellement alléguée par la Compagnie, c'est de deux choses l'une :

Ou, postérieurement au 4 Mai 1861, la liste transmise par Kœnig bey aurait été annulée et remplacée par une nouvelle liste Vice-Royale, et par suite le document déposé en 1893 chez Mᵉ Mahot de la Quarantonnais serait un autre que celui visé par la lettre missive de Kœnig bey ;

Ou, s'il s'agit en réalité du même document, la liste de 1861 a été l'objet soit d'altérations, soit d'une substitution frauduleuse, partielle ou totale, en tout cas de manœuvres criminelles perpétrées dans un but de spoliation.

La première des deux éventualités posées ci-dessus doit être immédiatement écartée: l'acte constatant le dépôt, effectué le 18 Mai 1893 par Mr. Guichard, Vice-Président du Conseil d'Administration de la Compagnie, en l'étude de Mᵉ Mahot de la Quarantonnais, notaire à Paris, du document en question, vise bien :

« 1° La liste-nominative des membres fondateurs de la Compagnie Universelle du Canal
« Maritime de Suez, écrite sur les trois premiers rôles de deux feuilles de papier non timbré,
« délivrée à Alexandrie le 4 Mai 1861, par Kœnig-bey, Secrétaire des commandements de
« S.A. le Vice-Roi, et par lui certifiée conforme à la liste originale déposée aux archives du
« Cabinet de S.A. le Vice-Roi.
« 2° Et l'original d'une lettre missive datée d'Alexandrie, le 4 Mai 1861, adressée par
« ledit Kœnig bey à Mr. F. de Lesseps et contenant, suivant les ordres de S.A. le Vice-Roi,
« l'envoi de la pièce ci-dessus désignée, appelée par lui « Expédition authentique de la liste
« des membres fondateurs, qui se trouve déposée dans les archives du Cabinet de Son Altesse ».

Lorsque la Compagnie vient arguer aujourd'hui de la liste existant
dans l'étude de Mᵉ Mahot de la Quarantonnais, elle entend donc bien se
référer à la pièce même que lui avait, en Mai 1861, transmise Kœnig bey
par ordre du Vice-Roi, en la qualifiant d'expédition authentique d'un original versé dans les archives Vice-Royales et qui n'était, suivant les déclarations de Mr. F. de Lesseps, que la liste de 60 membres arrêtée dès
1855, **complétée par l'adjonction de nouveaux** membres.

Or, étant donné que le nom du Baron de Brück figurait nécessairement sur la liste de 60 membres **approuvée** en 1855 ; qu'il continuait à y
figurer en Septembre 1858, époque à laquelle il avait même été inscrit
comme fondateur dans le registre de la Société ; — étant donné que la
liste transmise en Mai 1861 par Kœnig bey, n'était autre que cette même
première liste de 60 membres, simplement *complétée par l'adjonction de
nouveaux* noms ; — étant donné que, depuis la transmission faite par
Kœnig bey, il n'y a pas eu d'autre nouvelle liste et que le dépôt effectué
en Mai 1893 visait bien la pièce qui avait formé l'objet de cette transmission ; — étant donné enfin, s'il faut s'en tenir à l'affirmation de la
Compagnie, que sur le document existant chez Mᵉ Mahot de la Quarantonnais, le nom du Baron de Brück ne figure pas : — il ne reste plus place
que pour une seule hypothèse possible, qui est la seconde de celles envi-
sagées ci-dessus, à savoir que, dans l'intervalle couru entre sa réception par la Compagnie et le dépôt effectué chez le notaire, c'est-à-dire
à un moment quelconque au cours des 32 années qui se sont écoulées
entre ces deux événements, la liste de 1861 a été l'objet d'altérations ou
de substitutions frauduleuses, en un mot, de manœuvres criminelles perpétrées dans un but de spoliation.

Et l'on s'explique alors pourquoi, à l'injonction si naturelle qui lui est faite de produire ce document, base unique et raison même de toute sa défense, la Compagnie se dérobe à une exhibition dont elle sent le danger, et a recours aux plus invraisemblables excuses : — à des actes décisifs émanant de Mr. de Lesseps et établissant la qualité de fondateur qui avait été définitivement et irrévocablement attribuée au Baron de Brück, elle voudrait opposer une prétendue pièce qu'elle ne produit pas, qu'elle cache avec un soin jaloux : c'est donc qu'elle a tout à craindre de cette production, et son étrange refus, non-seulement doit entraîner le rejet pur et simple de l'exception qu'elle soulève ; il laisse le champ ouvert à toutes les suppositions.

Mais on ne se trouve pas ici en présence de simples suppositions : la fausseté de ce document, — allégué du reste et non produit — résulte déjà implicitement du fait que le nom du Baron de Brück n'y figurerait pas, alors que, comme on vient de le voir, il ne pouvait ne pas figurer sur le document vrai : elle va ressortir encore mieux, d'une série de circonstances avérées, de déductions pour ainsi dire mathématiques, décisives à elles seules, et amenant à une certitude absolue, indépendamment de toute production de la pièce incriminée.

§

La parole est aux faits :

A la réception de la lettre de Kœnig bey accompagnant « *l'expédition authentique* » de la liste originale déposée dans les archives Vice-Royales, le Conseil d'Administration de la Compagnie, dans sa séance du 24 Mai 1861, prenait la délibération suivante :

« Le Comité :

« Vu l'expédition authentique de la liste des membres fondateurs de la Compagnie adressée
« à Mr. le Président par Kœnig bey, Secrétaire des Commandements de S.A. le Vice-Roi ;

« Décide :

« Cette expédition sera enfermée dans la Caisse à trois clefs, jusqu'à ce que le dépôt soit
« fait chez le notaire de la Compagnie.

« Une copie certifiée conforme statutairement sera transmise à la Division des Titres qui est
« invitée à préparer l'envoi des titres et de la lettre définitive à adresser aux membres fonda-
« teurs ».

On ne saurait se méprendre sur l'importance de cette décision, et personne n'aurait pu supposer que des résolutions de cette nature, édictées par le Conseil d'Administration d'une Société sérieuse et bien organisée, ne dussent pas recevoir leur exécution dans un délai moral raisonnable : la sauvegarde des droits des intéressés, la préoccupation bien naturelle d'écarter toute possibilité de fraude et de se mettre à l'abri de toute suspicion, les nécessités mêmes de son propre service, faisaient un devoir impérieux à la Compagnie, d'y donner suite sans retard.

Aussi quel ne fût pas l'étonnement lorsque, **32 ans plus tard**, à l'occasion de certaines instances judiciaires dont nous aurons à nous occuper incidemment, on vint à apprendre que le dépôt chez le notaire, décidé depuis le 24 Mai 1861, était encore à effectuer ; que durant tout ce long intervalle de temps, le document visé par la lettre missive de Kœnig bey était resté dans la fameuse armoire à trois clefs, et que Mr. Guichard, Vice-Président de la Compagnie, pris tout à coup d'un beau zèle, s'était, comme par hasard, aperçu que le moment était venu de faire ce que, dès le 24 Mai 1861, le Conseil d'Administration avait si sagement prescrit.

C'est en effet le 18 Mai 1893 seulement, — avec un léger retard de 32 ans, comme on voit, — qu'est intervenue devant Mᵉ Mahot de la Quarantonnais, la petite cérémonie qui a, depuis, si opportunément servi de prétexte à la Compagnie pour éluder toute dangereuse production.

Mieux vaut tard que jamais, sans doute ; mais ce zèle inattendu, venant à point, à un moment où des scandales récents avaient mis en éveil d'indiscrètes curiosités, donne vraiment trop beau jeu aux suppositions :

les esprits chagrins peuvent se demander s'il n'y aurait pas un lien de connexité directe entre la débâcle du Panama, et les manipulations auxquelles on se serait livré sur un document qui ne gagne pas, semble-t-il, à être examiné de trop près.

Soigneusement enfoui parmi les minutes d'un notaire, mis ainsi, de par la loi, à l'abri de toute demande de production directe, ce document devenait pour ainsi dire un *mythe*; d'autant plus que, dans le procès-verbal constatant le dépôt, la Compagnie avait eu soin de bien spécifier qu'il « *n'en serait délivré d'extraits ou d'expéditions qu'à elle seule ou sur* « *réquisition formelle et expresse de son représentant légal* ».

Il est à peine besoin de signaler la supercherie qui consiste à donner le change sur la physionomie véritable et l'état matériel d'une pièce originale, par la production d'une simple copie authentique ; c'est l'enfance de l'art. Encore faut-il croire que, même en procédant de la sorte, la Compagnie ne se sentait pas tout-à-fait rassurée, puisque, invitée plus tard à produire tout au moins l'expédition authentique du document mystérieux, elle se dérobera, en répondant par cette inénarrable facétie « que c'est là le secret des familles » !

Le secret des familles, une liste de membres fondateurs d'une Société anonyme ! une liste dont le titre primordial même prévoyait et imposait la publicité !... Le secret de la famille de Lesseps sans doute !

C'est qu'en effet, la lecture des noms figurant sur le document déposé en 1893 chez Me Mahot de la Quarantonnais, serait, peut-être, à elle seule quelque peu suggestive (1), et on se trouverait sans doute embarrassé pour expliquer certaines anomalies par trop compromettantes, résultant du simple rapprochement de ce même document avec d'autres pièces dont l'existence a été révélée par des débats antérieurs.

---

(1) Les articles 11 du firman du 30 Novembre 1854 et 19 du firman du 5 Janvier 1856 réservaient la qualité de fondateurs aux personnes qui, *antérieurement* à la constitution de la Société, auraient par leurs travaux, leurs études, leurs soins et leurs capitaux, contribué à l'exécution de l'entreprise. Il serait malaisé à la Compagnie d'expliquer l'inscription en 1858, comme fondateurs, de personnes qui à ce moment devaient encore être sur les bancs du collège, et qui, cependant, à en croire certaines indiscrétions, figureraient sur la liste déposée en 1893 chez le notaire.

A-t-on pu espérer qu'en effectuant le dépôt chez le notaire, on éliminait d'une façon absolue toute possibilité d'investigation ? Non certes : la loi ainsi interprétée ferait la partie trop belle aux faussaires. Mais il faut bien que la tactique eût du bon, puisque, sous le couvert de ce dépôt, la Compagnie a pu jusqu'ici, par cette diversion calculée, se soustraire à la production de la pièce incriminée et échapper à toute vérification **contradictoire.**

Ce qui est certain, et ce qu'il importe de retenir pour le moment, c'est ce premier fait, à savoir : qu'un dépôt décidé depuis le 24 Mai 1861 n'a été effectué que 32 ans plus tard, le 18 Mai 1893 !

Un second fait s'impose à l'attention :

La délibération du 23 Mai 1861 portait en outre, comme on a vu, que :

« Une copie certifiée conforme statutairement de la liste de Kœnig bey, serait transmise « à la Division des Titres, qui était invitée à préparer l'envoi des titres et de la lettre définitive « à adresser aux membres fondateurs ».

L'exécution de cette seconde mesure supposait de toute nécessité la préexistence ou tout au moins la création et l'ouverture d'un Registre destiné à constater, dès ce moment, les opérations auxquelles devaient donner lieu la délivrance, les transferts et les conversions des titres originaires. En fait, nous savons déjà avec toute certitude que ce Registre existait depuis le 24 Septembre 1858 en tout cas, puisque dans sa lettre de même date, Mr. F. de Lesseps déclarait expressément que « **Negrelli** « était inscrit sur le « **Registre** » des fondateurs pour dix actions, « **le Baron de Brück également pour dix actions et le Chev. de** « **Revoltella pour cinq** ».

Il existait déjà puisque, dans sa séance du 12 Février 1859, le Conseil d'Administration « *avait décidé la création de mille certificats nominatifs,* « *représentant une part d'un millième dans les 10 % attribués sur les* « *produits annuels aux membres fondateurs, et qu'il avait même autorisé* « *le Comité de Direction à rembourser leurs avances aux membres fon-* « *dateurs* ».

Il existait déjà puisque, comme il résulte d'un compte-courant échangé entre la Compagnie et le Sieur Revoltella et produit aux débats, ces avances avaient, en exécution de la décision du 12 Février 1859, été effectivement remboursées.

Il existait déjà enfin, puisque, en Novembre 1890 encore, Mr. Charles de Lesseps, sur les démarches faites auprès du Gouvernement français par l'Ambassadeur d'Autriche-Hongrie à Paris, déclarait à Mr. le Procureur de la République près le Tribunal de la Seine, au nom de la Compagnie du Canal de Suez :

« Que le nombre des parties prenantes ou des membres fondateurs au moment de la « constitution de la Société *en 1858*, était de 166 ; qu'il leur avait été partagé mille parts de « fondateurs ; qu'au début les parts de fondateurs avaient été fixées à cent ; que plus tard, « chaque part avait été divisée en dix, ce qui avait donné le chiffre de mille parts indiquées « plus haut » (1).

Ce registre d'ailleurs ne pouvait pas ne pas exister, étant donné que dès avant 1861, les parts de fondateurs *fractionnées* en dixièmes, avaient déjà formé l'objet d'opérations multiples de transferts.

Mais, n'eût-il pas existé depuis la constitution de la Société en 1858, ce qu'on ne saurait admettre c'est qu'il n'ait pas été créé et formé tout au moins en 1861, à la suite de la délibération qui venait d'être prise. Il y a là une évidence trop palpable pour qu'il soit besoin d'insister. Qu'est devenu ce registre ?..... ce registre qui eût pu fournir des indications précieuses et jeter une clarté, si redoutée, sur la liste mystérieuse de 1893 ?

D'après les constatations faites à l'occasion de ces mêmes instances judiciaires auxquelles nous faisions allusion tout à l'heure, il n'aurait été « trouvé aucune trace d'une exécution quelconque donnée, avant le « 1er Juin 1869, à cette seconde partie de la délibération du 23 Mai 1861 » (2).

Ce ne serait, paraît-il, qu'en Juin 1869 seulement, soit huit ans plus

(1) Lettre du Ministre des Affaires Etrangères de France à Mr. l'Ambassadeur d'Autriche-Hongrie à Paris, du 29 Octobre 1890.

(2) Voir rapport de l'expert Flory, 12 Avril 1895, en cause Bereketti contre Compagnie de Suez (produit ex-adverso).

tard, qu'un registre des membres fondateurs aurait été ouvert *pour la première fois*, alors que cependant, dès l'année 1858, « *mille parts de fon-* « *dation avaient été distribuées entre 166 personnes* » (Déclaration sus-rapportée de Charles de Lesseps); — que depuis le 12 Février 1859, mille titres nominatifs avaient été émis et en grande partie délivrés aux attributaires (Décision du Conseil d'Administration du 12 Février 1859); — que ces titres avaient donné lieu à des transferts et à des mutations, en un mot à une série d'opérations ayant dû nécessairement modifier la situation originaire !

N'insistons pas sur l'invraisemblance par trop flagrante d'une pareille hypothèse, et acceptons-la, pour le moment, comme répondant à la réalité.

Ainsi, des deux mesures essentielles et primordiales ayant fait l'objet d'une seule et même décision, l'une n'a été mise à exécution que 32 ans plus tard et l'autre serait restée lettre morte pendant huit ans : c'est là, il faut le reconnaître, une première coïncidence fâcheuse.

Mais, à la rigueur, il n'y aurait eu que demi mal, et à défaut de contrôle suffisant par les actes mêmes de la Compagnie, les intéressés qui, pour une raison quelconque, — insouciance ou ignorance des droits acquis par leurs auteurs décédés, — ne se trouvaient pas nantis des certificats nominatifs réservés aux attributaires et délivrés plus tard, avaient toujours la ressource, en cas de contestation, de se reporter à *l'original* même de la liste que Mr. F. de Lesseps avait transmise à Kœnig bey et qui avait été, par celui-ci, déposée dans les archives Vice-Royales où nécessairement elle devait exister.

Le malheur veut que cet original ne se retrouve plus !....... Par la plus extraordinaire des coïncidences encore, il a disparu! disparu comme le registre des fondateurs de 1858, disparu comme le nom de de Brück sur le document déposé chez Mᵉ Mahot de la Quarantonnais !......

Voici ce que, officiellement interpellé à ce sujet par Mr. l'Agent et Consul Général d'Autriche-Hongrie au Caire, le Gouvernement Egyptien répondait le 21 Juin 1897 par l'organe de S.E. Boutros Pacha Ghali, Ministre des Affaires étrangères :

« Malgré les recherches les plus minutieuses auxquelles il a été procédé tant dans les « Archives Gouvernementales que dans celles de la Maïeh Sanieh, ni une liste des membres « fondateurs de la Compagnie du Canal de Suez du 19 Mai 1855, ni une autre datée du 4 Mai « 1861, en fait, aucune liste des Membres fondateurs quelconque, n'a été trouvée ; et que dès « lors je me trouve, à mon grand regret, dans l'impossibilité de vous fournir des copies authen- « tiques des documents en question ».

Tout cela, il faut en convenir, est bien malheureux pour la Compagnie : Elle reçoit en Mai 1861 une expédition authentique d'un document capital, dont elle décide immédiatement le dépôt chez son notaire : ce dépôt n'est effectué que 32 ans plus tard, et il coïncide avec certaines circons- tances fâcheuses qui suggèrent, à tort ou à raison, de graves soupçons sur l'identité de la pièce déposée !...

Elle édicte une mesure dont l'exécution présuppose l'existence, ou tout au moins la création à ce moment même, d'un registre sans lequel il est impossible de procéder aux opérations ordonnées : ce registre ne com- mence que le 1er Juin 1869, c'est-à-dire huit ans après !...

Les intéressés pourraient trouver du moins la preuve indiscutable de leur droit dans le titre original qui a été déposé dans les Archives Vice- Royales : ce titre a disparu !...

Ne dirait-on pas une gageure ? Les esprits les moins tournés à la malveillance voudront-ils ne voir dans tout cela qu'un simple effet du hasard ?.....

Et par surcroît, la Compagnie semble prendre à tâche d'aggraver encore les soupçons, en refusant d'exhiber le document même dont elle veut faire son principal et unique instrument de défense.

Autour de ces faits si concluants, viennent s'en grouper d'autres encore plus décisifs qui, dûment constatés comme ils le sont déjà, excluent la sincérité de ce document.

Il a déjà été question plus haut des déclarations faites, en 1890, par Mr. Charles de Lesseps à Mr. le Procureur de la République et relatées dans la lettre du Ministère des Affaires Etrangères de France à l'Ambassadeur d'Autriche-Hongrie à Paris :

Mr. Charles de Lesseps affirmait que :

1° « Mr. de Negrelli qui faisait partie de la Commission Internationale qui a résumé les « premiers travaux d'étude du Canal de Suez, était sur la liste des membres fondateurs de la « Compagnie de Suez, **au moment de sa constitution en 1858** ».

2° « Le nombre des parties prenantes ou des membres fondateurs au moment de la cons- « titution de la Société en 1858, était de 166. Il leur a été **partagé mille parts de** « **fondateurs** ».

3° « Un Sieur de Negrelli a été inscrit personnellement pour cinq parts sur le nombre de « mille parts partagées ».

« Au début, les parts de fondateurs avaient été fixées à 100. Plus tard, chaque part a été « divisée en 10, ce qui a donné le chiffre de 1000 parts de fondateurs indiquées plus haut ».

Ces indications ne font que confirmer ce que nous savions déjà et ce que le plus élémentaire bon sens devait, du reste, laisser supposer : l'arrêté de la liste définitive des membres fondateurs de la Compagnie de Suez était un fait irrévocablement accompli depuis le moment de la constitution de la Société en 1858, et, conséquemment, la liste envoyée par Ferdinand de Lesseps à Kœnig bey en 1861, et dont « *l'expédition authentique* » a été retournée à la Compagnie après dépôt de l'original dans les archives égyptiennes, n'était et ne pouvait être que cette même « liste des « 166 fondateurs déjà reconnus en 1858, au moment de la constitution de « la Société, et entre lesquels il avait été partagé mille parts de fonda- « teurs ».

Cela étant, et si, comme le disait Mr. Charles de Lesseps, le Chev. de Negrelli figurait sur la liste de 1858, il devait nécessairement figurer sur la liste de 1861 et par suite son nom devrait, dans les mêmes identiques conditions, se retrouver sur le document Mahot de la Quarantonnais, document qui, à en croire la Compagnie, ne ferait qu'un avec la liste de 1861.

Or, des constatations judiciaires faites au cours des débats qui se sont

agités en 1891 devant le Tribunal de la Seine et la Cour d'Appel de Paris,
il est résulté que, sur le document Mahot de la Quarantonnais, le Chev. de
Negrelli ne figurerait plus pour l'attribution originaire remontant à 1858.
— Est-il besoin de commentaires ?

« Mais », ne va-t-on pas manquer de s'écrier ici, « ces constatations
« mêmes que vous invoquez ont établi que le nom de Negrelli figure sur
« la liste déposée chez le notaire ; il figure précisément pour les cinq
« parts d'un millième signalées par Mr. Charles de Lesseps dans ses
« déclarations susrelatées ».

Coupons court à cette équivoque ; les réticences calculées de Mr.
Charles de Lesseps sont en effet de nature à donner le change à première
vue ; mais les faits sont là pour dissiper toute confusion :

En 1858, au moment de la constitution de la Société, le Chev. de
Negrelli se trouvait déjà sur la liste des membres fondateurs, pour la
part **entière** originaire, représentant dix millièmes, qui lui avait été
réservée en même temps qu'au Baron de Brück et à Revoltella.

En Février 1859, le Conseil d'Administration de la Compagnie, eu
égard aux services rendus par lui et à la situation intéressante dans laquelle
il avait laissé sa veuve et ses huit enfants, avait encore attribué à cette
dernière cinq **nouvelles** parts d'un millième, et ce indépendamment de
la gratification de francs 25000 au comptant dont il a été question plus
haut (et dont frcs. 5000, comme on a vu, sont restés entre les mains du
nommé Weiss de Starkenfeld, l'homme qui avait tant d'aptitude pour
détourner des documents).

Ce sont ces cinq nouvelles parts qui figurent encore, et pour
cause, dans la liste de 1893 ; il eût été imprudent, au dernier chef, de ne
plus les y reporter, alors que leur attribution résultait d'un procès-verbal
du Conseil d'Administration et que, en 1876, elles avaient été réglées avec
l'intéressée par la délivrance des titres au porteur en échange de l'inscription nominative.

Or, Mr. Charles de Lesseps, dont les paroles étaient évidemment

pesées, indiquait une inscription remontant « au **moment de la constitution de la Société en 1858** »; inscription à laquelle ne sauraient
s'appliquer les cinq autres parts attribuées à la veuve Negrelli **en Février 1859**, par le Conseil d'Administration.

Si donc il était sincère, le document Mahot de la Quarantonnais
devrait relater les **deux** attributions successives et bien distinctes, dont,
malgré leur ambiguité voulue, les déclarations de Ch. de Lesseps font foi :
il ne relate que la seconde.

Le fait reste donc avec toute sa portée et l'équivoque que voudrait
faire naître la Compagnie, se retourne contre elle. Et alors, comment
admettre que le document Mahot de la Quarantonnais et la liste de 1861
ne feraient qu'un ?

Ces déclarations, si précieuses d'ailleurs, suggèrent une autre re-
marque :

Sur le vu de quel document, Mr. Charles de Lesseps a-t-il pu affirmer
— ce qui n'était que la vérité du reste, — que, *au moment de la constitution de la Société en 1858*, le Chev. de Negrelli figurait sur la liste des
membres fondateurs de la Compagnie de Suez ? Sur le vu du document tel
qu'il a été, plus tard, déposé, en 1893, chez M⁰ Mahot de la Quarantonnais ?
Non certes, puisque ce document ne mentionne que les 5 parts attribuées à
la veuve Negrelli *en 1859*. C'est donc, qu'au moment où il s'exprimait ainsi,
— 1890, — il avait sous les yeux *la vraie liste de 1861*, qui était encore dans
l'armoire à trois clefs, et qui probablement n'avait jusque là subi aucune
manipulation; c'est, en d'autres termes, que le document Mahot de la
Quarantonnais, ou n'est pas la pièce vraie, ou est la pièce vraie altérée. Car,
à moins d'admettre que — par un phénomène de mnémotechnie qui nous
laisse, à vrai dire, quelque peu sceptiques, — Mr. Charles de Lesseps ait pu,
à plus de trente ans d'intervalle, à l'aide de ses seuls souvenirs, reconstituer la liste des membres fondateurs telle qu'elle était au moment de l'installation définitive de la Société, on doit nécessairement retenir que, en 1890,
il existait encore une liste qui, faisant figurer le Chev. de Negrelli comme

fondateur en 1858, n'était pas celle dont M⁰ Mahot de la Quarantonnais se trouve aujourd'hui dépositaire.

Parmi les documents acquis aux débats, et dont on voudrait se prévaloir pour établir *a priori* la sincérité de la prétendue liste actuellement déposée chez le notaire, il existe un rapport dressé en 1895 par un sieur Flory, expert comptable, à l'occasion de certaines autres réclamations précédemment formées contre la Compagnie de Suez (1).

Ce rapport, les héritiers de Brück seraient en droit de le récuser, comme constituant à leur égard une « *res inter alios* » ; mais, examiné avec tant soit peu d'attention au point de vue de ses constatations matérielles (2), il fournit des indications trop précieuses pour qu'il n'y ait pas lieu de s'en emparer et de le retenir.

Mr. Flory constate donc :

Que jusqu'au 1ᵉʳ Juin 1869, il n'aurait trouvé aucune trace d'une exécution quelconque donnée à la seconde partie de la délibération prise par le Conseil d'Administration depuis le 23 Mai 1861 et visant la trans-mission « *d'une copie statutairement conforme (de la liste Kœnig Bey) à la* « *Division des titres qui était invitée à préparer l'envoi des titres et de la* « *lettre définitive à adresser aux membres fondateurs* (3) ». Ce serait en Juin 1869 pour la première fois, « qu'un registre spécial dépendant du « service des titres aurait été ouvert en exécution de la délibération sus-« relatée ».

On va supposer, sans doute, que, — créé ainsi à huit ans d'intervalle, alors que bon nombre des mille certificats nominatifs avaient, par l'effet de transferts intervenus, nécessairement dû changer de titulaires, — ce registre

---

(1) Voir ci-dessus, page 30.

(2) Quant aux appréciations et aux déductions de l'expert, il en va autrement.

(3) La première partie de cette même délibération avait été, dit l'expert, exécutée par le dépôt chez le notaire : Mr. Flory évite d'indiquer que cette exécution était advenue 32 ans plus tard.

prenait la situation telle qu'elle se manifestait au 1er Juin 1869? Erreur profonde! Voici les mentions que Mr. Flory a trouvées en tête dudit registre et qu'il reproduit *in extenso* :

« L'an 1869, le Mardi 1er Juin, la Commission des Titres de la Compagnie Universelle du
« Canal Maritime de Suez, réunie sous la présidence de Mr Lagan ;
Omissis. . . . . .
« Vu l'article 19 de l'acte de concession et du cahier des charges, déterminant les parts
« des membres fondateurs dans les bénéfices sociaux.
« Vu le § 3 de l'article 63 et l'article 70 des Statuts.
« Vu la décision du Conseil d'Administration en date du 12 Février 1859, prescrivant la
« création de 1000 titres nominatifs pour représenter les droits des membres fondateurs de
« l'Entreprise.
« Vu la liste des membres fondateurs arrêtée conformément à l'acte de concession et
« attribuant les dites 1000 parts aux ci-après nommés et dans les proportions suivantes :
« Liste d'attribution des mille parts . . . .
« *(suit le détail des attributions de ces mille parts)* (1).
« *A la suite de cette énumération, se trouve la déclaration ci-après* :
« Vu le registre des transferts sur lequel ont été inscrites les mutations successives qui ont
« eu lieu jusqu'à ce jour.
Omissis . . . . . .
« 1° Le présent registre est spécialement destiné à constater l'entrée des dites mille parts
« de fondateurs au porteur récemment créées.
« 2° A constater successivement la remise de ces titres au porteur aux propriétaires des
« titres nominatifs créés en vertu de la décision du Conseil d'Administration du 12 Fé-
« vrier 1859 ».

Il ne saurait donc y avoir d'équivoque : si bizarre que cela puisse paraître, ce registre ouvert en 1869, en vue d'opérations à effectuer à ce moment — (échange des titres nominatifs originairement émis contre de nouveaux titres au porteur) — prenait bien pour point de départ, ex-novo, la liste *initiale* des membres fondateurs, reproduisant ainsi une situation, qui ne répondait plus à la réalité du moment et faisant complète abstraction des mutations et des transferts, auxquels avaient donné lieu, pendant la période intermédiaire, les titres *nominatifs*, créés en vertu de la délibération du 12 Février 1859.

Soit! mais alors la liste transcrite en tête de ce registre, devrait reproduire identiquement, et sans aucune variante, tous les noms qui figurent

---

(1) L'expert ne reproduit pas cette liste : toujours le « secret des familles » naturellement !

sur le document déposé aujourd'hui chez M° Mahot de la Quarantonnais, puisque ce document ne serait autre chose que la propre liste vice-royale de 1861, reportée le 1er Juin 1869 dans le registre en question.

Laissons encore la parole à Mr. Flory :

« Nous avons rapproché cette liste » (celle déposée chez M° Mahot de la Quarantonnais) « avec celle qui a été transcrite sur le registre du Service des Titres de la Compagnie, et nous « avons constaté que certains attributaires de parts, qui figuraient sur la première, ne se retrou- « vent plus sur la deuxième; mais, d'autre part, nous avons constaté également qu'il existait « sur la deuxième liste des attributaires qui ne figuraient pas sur celle du 4 Mai 1861 » (c'est-à-dire sur celle dont l'expert venait de prendre connaissance chez M° Mahot de la Quarantonnais).

Ces divergences frappent, semble-t-il, l'expert lui-même, malgré son robuste optimisme; il s'empresse de demander au chef du service des titres, des explications à cet égard.

« Le chef du service des Titres de la Compagnie, à qui nous nous sommes adressé, — « écrit-il — nous a représenté alors divers dossiers renfermant des minutes de lettres adressées « aux attributaires désignés sur la liste envoyée par le Secrétaire des commandements du Vice- « Roi d'Egypte ; — ces dossiers contenaient aussi les réponses faites aux lettres d'avis des « titulaires qui avaient refusé d'accepter les parts de fondateurs qui leur étaient attribuées.

« Un seul de ces titulaires n'avait manifesté son refus que par l'absence de réponse à la « lettre qui lui avait été adressée (sic !).

« Nous nous sommes ensuite assuré que les attributaires non acceptants étaient bien ceux « dont les noms figuraient sur la liste du 4 Mai 1861 déposée dans l'étude du notaire ; mais qui, « par suite de leur refus, n'avaient pas été compris dans la liste inscrite sur le registre établi « par la Compagnie le 1er Juin 1869, où ils étaient remplacés par de nouveaux titulaires ».

Voilà qui est gros de révélations !

Et d'abord, de deux choses l'une : ou, en mettant à exécution pour la première fois, en Juin 1869, une délibération arrêtée depuis le 23 Mai 1861, on se proposait — comme le ferait retenir le procès-verbal relaté par Mr. Flory, — de reprendre la situation à son point de départ initial, telle que l'établissait la liste Kœnig Bey, avec l'attribution des mille parts émises le 12 Février 1859, et, alors, pourquoi ne pas reproduire purement et simple- ment cette liste, sauf à signaler, en regard des noms respectifs, les change- ments que le refus de certains attributaires avait pu y apporter? Où le registre de 1869 visait la situation nouvelle, nécessairement modifiée par les mutations et les transferts successifs intervenus depuis 1861, et, alors, pourquoi limiter aux *seuls titulaires primitifs non acceptants* les variantes que l'on introduisait, arbitrairement du reste, dans la liste vice-royale, en créant ainsi un état de choses hybride qui ne réflétait ni la situation originaire ni la situation modifiée ?

Il eût été, peut-être, plus conforme à la logique, au bon sens, à la nécessité des comptabilités, de dresser, — d'après les indications fournies par le registre des transferts dont le procès-verbal même faisait mention expresse, (et qui est prudemment resté dans l'ombre), — une liste des détenteurs *actuels* de certificats nominatifs, auxquels seuls devaient être remis les nouveaux titres au porteur, au lieu de reproduire, huit ans plus tard, la liste initiale qui ne présentait aucun intérêt au point de vue de la destination bien spécifiée du nouveau registre ouvert à cette occasion.

Mais ce sont là de petites querelles : ce qui est plus symptomatique, c'est le fait constaté par Mr. Flory « du remplacement d'attributaires « primitifs non acceptants par de nouveaux titulaires », — fait dont cet honorable expert ne semble pas bien avoir compris la portée ou qu'il n'a pas voulu trop approfondir. Il y avait là cependant un indice caractéristique qui n'eût probablement pas manqué de donner l'éveil à un esprit tant soit peu perspicace. Comment, quand, par ordre de qui, et au profit de qui s'étaient produits ces remplacements ? l'idée n'est pas venue à Mr. Flory de se faire représenter ce livre des transferts dont le procès-verbal du 1er Juin 1869 lui révélait l'existence et qui, bien mieux que les « *divers dossiers* » à lui soumis, l'aurait peut-être éclairé sur la situation intermédiaire. Il n'a même pas pensé à compulser les procès-verbaux du Conseil d'Administration de 1861 à 1869 pour y rechercher une explication qui s'imposait. Nous sommes en mesure d'affirmer, — car ces procès-verbaux, nous les possédons *tous* en copie conforme, — que jamais le Conseil d'Administration n'a même été consulté au sujet de ces parts définitivement attribuées depuis 1858 et prétendûment restées plus tard sans titulaires. Qui donc en aurait disposé ? Par une réserve prudente, Mr. Flory se garde bien d'indiquer le nombre et les noms des remplaçants substitués ainsi aux attributaires primitifs; encore moins prend-il soin de fixer les dates des prétendus refus.

Mais il y a mieux :

« Un seul de ces titulaires, » — est-il dit dans son rapport, — « n'avait manifesté son
« refus que par l'absence de réponse à la lettre d'avis qui lui avait été adressée ».

Celui-ci était bien sur la liste de 1861, c'est-à-dire sur la seule liste définitive qui, d'après le propre système adverse, a pu conférer irrévocablement la qualité de membre fondateur et en assurer les droits à ceux qui s'y trouvaient inscrits; une telle qualité, établie et démontrée, était imprescriptible (1) et ne pouvait, sans son consentement exprès ou sa renonciation formelle, lui être enlevée tant que la Société durait. Sous prétexte qu'il n'avait pas répondu, on crée pour lui une prescription spéciale à l'usage de la Compagnie de Suez, on invente une déchéance et on le supprime ! De quel droit ? qui pouvait, après 1858, en tout cas après 1861, disposer, sans le concours de l'ayant-droit lui-même, de ce qui était entré dans son patrimoine ? Depuis quand, le silence, en dehors des cas expressément prévus par le législateur, peut-il, à lui seul, entraîner la perte irrémédiable d'un droit ? — Jusqu'en 1858, c'est-à-dire jusqu'à la constitution définitive de la Société, il était loisible à Saïd Pacha et à de Lesseps, de créer de nouveaux fondateurs, sinon de revenir sur les attributions déjà faites ; mais, après 1861, lorsque depuis près de deux ans déjà, dans sa séance du 20 Décembre 1858, la Compagnie avait, en assumant les charges et les engagements de ces derniers, pris leur lieu et place; lorsque la liste des membres fondateurs, arrêtée au nombre de 166 ayants-droit, n'était plus susceptible d'être modifiée par qui que ce soit, à qui appartenait-il d'attribuer ou d'enlever arbitrairement, sans la volonté manifestée du titulaire, une qualité qui existait, dit-on, par le seul fait de l'inscription dans la liste définitive, et ne pouvait plus être perdue ?

---

(1) Arrêt déjà rappelé de la Cour de Paris, du 25 Février 1892.

§

Tous ces faits n'étaient-ils pas, à eux seuls, de nature à entraîner une conviction absolue? Et, en présence de la certitude qui s'en dégage, eût-on pu penser que de bons esprits, au lieu de répudier un document si discrédité, ou tout au moins de n'en point tenir compte, puisqu'il n'était même pas présenté, lui auraient, sans l'avoir même vu, attribué, a *priori*, par cela seul qu'il était allégué, un effet juridique, péremptoire et décisif?

Ce n'est là pourtant que l'exacte vérité : portée devant le Tribunal civil mixte du Caire, la réclamation des héritiers de Brück, rigoureusement justifiée en fait par des titres incontestables, imprescriptible en droit de par sa nature même, a été rejetée par le jugement dont nous aurons, sous peu, à aborder l'examen; et elle a été rejetée à cause et uniquement par l'effet de ce même document, qui aurait eu la vertu de transformer « en simples promesses conditionnelles ou pures obligations de « faire non exécutées », des actes exclusifs, par leur teneur même, de toute interprétation de cette nature.

Fallait-il donc en arriver à une inscription de faux formelle ?... Certes, l'état matériel de la pièce incriminée ne pouvait que venir corroborer encore, si besoin en était, les preuves déjà surabondantes des manœuvres dont elle a été l'objet. Mais comment concevoir, en matière civile, une inscription en faux incident contre un acte non produit au débats? (1)

La difficulté n'était que juridique du reste, car, en fait, la description du document déposé chez le notaire, et certaines indications très précises, recueillies çà et là dans des constatations antérieures, nous mettent en mesure de reconstituer ce que l'on pourrait appeler « la scène

(1) Art. 314 Code Proc. civ. mixte.

du faux », en démontrant comment ce faux a été commis et sur quoi il a porté.

Suivant ces données, le document en question se compose de deux feuilles de papier, encartées l'une dans l'autre, et formant quatre rôles, c'est-à-dire huit pages ; l'écriture ne porte que sur les trois premiers rôles et s'arrête à la fin du troisième, ou, si l'on préfère, à la sixième page ; les mentions qui seules pouvaient assurer la sincérité de ce document — (signature de Kœnig Bey, timbre du secrétariat des commandements) — ne se trouvent que sur cette sixième page, formant partie de la feuille intercalée ; il est clair qu'en enlevant la première feuille, qui ne contenait que le premier rôle d'écriture, et en lui en substituant une autre, préalablement manipulée, on a pu conserver en apparence au document, ainsi partiellement refait après coup, le caractère de sincérité que donnaient au document vrai les mentions consignées sur la seconde feuille, demeurée inaltérée.

On n'avait ainsi besoin ni de falsifier la signature de Kœnig bey, ni de faire fabriquer, sur l'empreinte du vrai, un faux cachet du Secrétariat des Commandements ; l'opération se trouvait des plus simplifiées ; il n'y avait qu'à imiter l'écriture de la liste, écriture banale, et facile à reproduire, d'un commis quelconque.

Quant à faire fabriquer tout exprès un papier identique à celui de la liste, si tant est qu'on n'ait pu s'en procurer une feuille toute prête ; — quant à obtenir, par une imitation habile, une ressemblance identique des écritures ; — quant à faire subir à la feuille, ainsi préparée, des manipulations destinées à lui donner l'apparence de la vétusté et d'un long usage ; — quant à apposer en tête de la première feuille ainsi substituée, l'ancien timbre humide dont la Compagnie faisait usage en 1861 ; — c'étaient là jeux d'enfant ; et si un sieur Bernard, commissaire de police aux délégations judiciaires, a pu, sur un examen des plus sommaires — (et non contradictoire d'ailleurs), — affirmer doctoralement que cette pièce, ainsi truquée, présentait « tous les caractères de l'ancienneté et de l'authenticité », c'est évidemment que ce digne fonctionnaire ou n'a pas voulu y voir malice ou n'était pas à la hauteur d'une mission dont, au surplus, il n'était pas chargé, et qui eût comporté toute une série d'opérations délicates échappant à sa compétence.

La non production par la Compagnie du document à l'aide duquel elle prétendait et prétend infirmer les titres établissant la qualité de fondateur revendiquée, et combattre la preuve qui en résulte, devait à elle seule, et en dehors même de toute autre considération, amener les magistrats à écarter une défense basée sur une pure allégation. Dire ou laisser entendre, comme l'ont fait les premiers juges, que les héritiers de Brück auraient dû s'inscrire en faux contre ce document, non produit ni communiqué — (et qui ne le sera probablement jamais et pour cause) — c'était renverser les rôles et intervertir l'ordre juridique de la preuve.

En faisant ainsi grief aux héritiers de Brück « de ne pas s'être inscrits en faux et de n'avoir même pas déclaré vouloir s'inscrire en faux », le Tribunal n'avait-il en vue qu'une hypothèse platonique, simple formule tendant à affirmer encore mieux la valeur probante que, sans le connaître cependant, il attachait au document dont s'agit? Quoiqu'il en soit, nous avons pensé qu'un excès de précaution ne pouvait nuire, et, à toute éventualité, ne serait-ce que par acquit de conscience, nous nous sommes, pour en tant que de besoin, inscrits régulièrement en faux contre le document même qui a fait l'objet du dépôt effectué le 18 Mai 1893 en l'étude de Mᵉ Mahot de la Quarantonnais, notaire à Paris.

Cette inscription de faux a été suivie, dans les délais voulus, de la signification des moyens, libellés au vœu de la loi dans l'exploit dont voici la teneur intégrale :

« L'an mil neuf cent et le Lundi huit Janvier au Caire,

« A la requête de: 1ᵉ S.E. le Baron Charles de Brück, 2ᵉ Baron Frédéric de Brück, 3ᵉ Baron Jean de Brück, 4ᵉ Chevalier Charles de Preu, 5ᵉ Baronne Marie de Brück Vᵛᵉ Scarpa, 6ᵉ Guillaume de Preu, tous agissants en leur qualité d'héritiers de feu leur père le Baron Charles de Brück, de son vivant Ministre des Finances du Gouvernement Autrichien, citoyens autrichiens électivement domiciliés au Caire en l'étude de Mᵉ A. Fatica et à Alexandrie en l'étude de Mᵉ Mario Colucci, Avocats à la Cour d'Appel Mixte.

« Je soussigné Angelo Yanni, huissier près le Tribunal Mixte du Caire, ai notifié et déclaré :

« 1° A Monsieur le Comte Charles de Serionne, Représentant Statutaire et Agent Supérieur de la Compagnie Universelle du Canal Maritime de Suez,

« 2° S.E. Youssef Bey Sourour, propriétaire, sujet local, demeurant au Caire,

« 3° Au Sieur Paulin Silvan, sujet français, demeurant au Caire,

« Que mes requérants, par procès-verbal dressé à la date du 5 Janvier 1900 au Greffe de la Cour d'Appel Mixte d'Alexandrie, se sont inscrits en faux contre un document qualifié de liste de membres fondateurs de la Compagnie du Canal de Suez, document qui aurait été l'objet d'un procès-verbal de dépôt effectué par Mr L. Guichard, agissant comme Vice-Président et au nom de la Compagnie du Canal de Suez, le 18 Mai 1893 en l'étude de Me Mahot de la Quarantonnais et son collègue, notaire à Paris, et que, dans l'instance pendante entre mes requérants et la Compagnie de Suez, cette dernière a cru pouvoir invoquer sans le produire.

« Et de même suite j'ai fait sommation à Monsieur le Comte Charles de Serionne susqualifié d'avoir à déposer au Greffe de la Cour d'Appel Mixte, aux fins de la dite inscription en faux, le document dont s'agit, sous peine d'entendre ordonner qu'il sera écarté des débats, conformément à l'art. 318 du Code de Procédure Mixte.

« Et j'ai déclaré en outre, tant à la Compagnie de Suez qu'aux appelants Sourour et Silvan, que les moyens à l'aide desquels mes requérants entendent établir la fausseté du document argué de faux sont les suivants :

« 1° Par présomptions graves, précises et concordantes résultant des faits ci-après, des actes déjà antérieurement révélés par la Compagnie, et des constatations ressortant du propre dossier qu'elle avait produit devant les premiers juges, savoir :

« a) Retard inexplicable et inexpliqué de 32 ans, apporté au dépôt chez le notaire de la Compagnie, du document représenté comme étant l'expédition authentique de la liste transmise le 4 Mai 1861 au nom de S.A. le Vice-Roi, par Kœnig Bey, Secrétaire des commandements, et ce malgré une décision prise dès le 23 Mai 1861 par le Conseil d'Administration de la dite Compagnie.

« b) Absence officiellement constatée de toute trace d'exécution quelconque donnée avant le 1er Juin 1869 à la susdite décision du Conseil d'Administration du 23 Mai 1861, en tant que cette décision comportait la transmission au Chef de la Division des titres d'une copie, statutairement conforme, de l'expédition authentique qui avait formé l'objet de la lettre adressée par Kœnig Bey à Mr F. de Lesseps le 4 Mai 1861.

« c) Invraisemblance d'une telle inexécution qui, — inconciliable avec les opérations multiples auxquelles avaient depuis 1861 et même avant, jusqu'en 1869, donné lieu les certificats nominatifs distribués aux fondateurs, en exécution de la délibération prise par le Conseil d'Administration le 12 Février 1859, — démontre que la Compagnie dissimule l'existence du registre des fondateurs, qui, d'après les documents existant au dossier, avait été créé dès avant la constitution de la Société en Décembre 1858 et remontait même au 24 Septembre de la même année.

« d) Dissimulation du registre des transferts expressément visé par un procès-verbal libellé en tête d'un registre ouvert le 1er Juin 1869 et transcrit intégralement dans le rapport de Mr. l'expert Flory, rapport qui est produit et invoqué dans l'instance actuelle par la Compagnie.

« e) Les déclarations faites par Mr. Charles de Lesseps au nom de la Compagnie en Octo—

bre. 1890 devant Mr. le Procureur de la République près le Tribunal de la Seine, déclarations consignées dans une lettre officielle adressée à l'Ambassade d'Autriche-Hongrie à Paris par le Ministère des Affaires Etrangères de France et qui, en même temps qu'elles font nécessairement présupposer l'existence, au moment même de la constitution de la Société, d'un registre des membres fondateurs, dénié par la Compagnie, sont absolument inconciliables avec le certificat émanant de Mᵉ Mahot de la Quarantonnais produit par la Compagnie et constatant que feu le Chev. de Negrelli, un des membres fondateurs de 1858, ne figure pas sur le document argué de faux.

« f) Discordances matériellement constatées par Monsieur l'expert Flory, dont le rapport est invoqué dans l'instance actuelle — entre la liste des fondateurs telle qu'elle se trouvait transcrite en tête du registre ouvert pour la première fois en 1869, indiquée comme n'étant que la reproduction de la propre liste transmise le 4 Mai 1861 par Kœnig Bey, et le document argué de faux, discordances inexplicables étant donné que la liste transcrite sur le registre de 1869 n'était que la transcription de la liste de 1861.

« g) Les constatations consignées dans le rapport de l'expert Flory, relatives aux prétendus remplacements, intervenus entre Mai 1861 et Juin 1869, de titulaires primitifs inscrits sur la liste transmise par Kœnig Bey en 1861 — rapprochées de tous les procès-verbaux des décisions du Conseil d'Administration pendant cette période (de 1861 à 1869), qui ne font aucune mention de ces remplacements ni des attributions nouvelles auxquelles il aurait été procédé.

« h) Disparition de la liste originale qui, d'après la teneur même de la lettre de Kœnig Bey du 4 Mai 1861, avait été déposée dans les archives égyptiennes.

« i) Refus de la Compagnie de produire le document qu'elle a cru devoir, en 1893, déposer chez Mᵉ Mahot de la Quarantonnais.

« j) Impossibilité que le nom du Baron de Brück ne figurât pas parmi les membres fondateurs inscrits sur la liste transmise par Kœnig Bey le 4 Mai 1861, étant donné d'une part que, des aveux mêmes de Mr. de Lesseps, consignés dans des documents autographes non contestés, il résulte qu'il y figurait certainement encore le 24 Septembre 1858 ; étant donné d'autre part que de la correspondance officielle intervenue entre Mr. de Lesseps et le Cabinet de S. A., il est établi que la liste de 1861 n'était autre que la première liste arrêtée et approuvée dès 1855 par S. A., complétée de 1855 à 1858 par l'adjonction de nouveaux noms par Mr. de Lesseps, conformément aux pouvoirs qui lui avaient été conférés par S. A. le Vice-Roi.

« Les requérants se réservent en outre de formuler, en prosécution de cause et au cours des plaidoiries, toute une série d'autres présomptions et de faits et circonstances qui viendront encore corroborer la preuve manifeste de la fausseté du document incriminé.

« II. Et pour le cas où sur la constatation des faits cotés ci-dessus, et de ceux qu'ils se réservent d'articuler en plaidant, la Cour ne croirait pas devoir déclarer de plano, sans besoin d'autres mesures d'instruction, d'ores et déjà, faux le document dont s'agit, les requérants concluent, comme autre moyen d'établir le faux, à une expertise qui devra porter :

« a) Sur l'examen de l'état matériel du document incriminé, soit au point de vue de l'écriture du premier des trois rôles dont se compose le dit document, comparée avec l'écriture existant sur les deuxième et troisième rôle, soit au point de vue de la qualité du papier de la première feuille comparée avec celle de la seconde, soit enfin au point de vue de toutes les autres constatations matérielles que l'inspection du document, une fois qu'il aura été produit, pourra nécessiter et qui seront de nature à amener à la preuve de la fausseté de ce même document.

« b) Sur la confrontation des noms inscrits sur le document incriminé, avec ceux portés sur la liste, telle qu'elle se trouve transcrite dans le registre prétendûment ouvert par la Compagnie le 1er Juin 1869, et le registre des transferts visé par le procès-verbal libellé en tête du registre de 1869 ;

« Les dits documents et registre mentionnés dans le rapport de Monsieur Flory produit par la Compagnie dans l'instance actuelle, et sauf tous autres éléments dont les constatations à faire sur les documents ci-dessus pourront amener la découverte; et notamment ceux qui pourraient résulter de l'examen des souches afférentes aux mille certificats nominatifs, créés en exécution de la délibération du Conseil d'Administration par la décision du 12 Février 1859, et répartis entre les 166 personnes qui, d'après la déclaration faite par Mr. Charles de Lesseps en 1890, se trouvaient être, au moment de la constitution de la Société en 1858, membres fondateurs de la Compagnie de Suez.

« La dite expertise devant être confiée à la fois à des experts calligraphes, à des experts en comptabilité, à des experts chimistes qui auront à procéder, chacun pour l'objet en vue duquel ils auront été commis, en contradictoire des parties, en dressant un procès-verbal des observations qui leur seront faites par ces dernières.

« Et en conséquence j'ai donné assignation :

« 1° à la Compagnie Universelle du Canal Maritime de Suez ;

« 2° à Mr. Paulin Silvan ;

« 3° à S.E. Youssef Bey Sourour

à comparaître à l'audience qui sera tenue par la Cour d'Appel mixte d'Alexandrie le jour de Mercredi 24 Janvier courant mois, à 9 heures du matin, pour :

« Entendre statuer sur l'admissibilité et pertinence des moyens de faux ci-dessus articulés, sous réserve de toutes autres mesures d'instruction dont l'utilité ou la nécessité pourrait se manifester au cours de la procédure en faux.

« Et par suite dire et déclarer faux le document qualifié de liste des membres fondateurs de la Compagnie du Canal de Suez, tel qu'il existe au rang des minutes de Me Mahot de la Quarantonnais à Paris, rue des Pyramides, N° 14, pour, à la suite de la reconnaissance de cette fausseté, être, sur le mérite de l'appel interjeté par mes requérants contre le jugement du Tribunal Mixte du Caire du 16 Mars 1899, par les parties conclu et par la Cour statué ce qu'il appartiendra.

« Et afin que les susnommés n'en ignorent, je leur ai remis et laissé à chacun d'eux séparément copie du présent acte, savoir : pour Monsieur le Comte Charles de Serionne au siège de la Compagnie Universelle du Canal Maritime de Suez au Caire, où étant et parlant en son absence au sieur Deslongrais, Chef du Secrétariat de la dite Compagnie ainsi à moi déclaré; pour le sieur Youssef Bey Sourour à sa personne ainsi déclaré, et pour le Sieur Paulin Silvan, en son absence, à Mohamed Moustapha son domestique cohabitant ainsi déclaré.

Coût est de 4 L.E. et 725 millièmes.

A. YANNI ».

Il nous semblerait oiseux d'insister sur l'admissibilité et la pertinence des moyens de faux déduits dans l'acte qu'on vient de lire: ajoutons seulement que, plus tard, pour ne donner prise à aucun prétexte ou malentendu, nous nous sommes aussi inscrits en faux contre le certificat négatif de M⁰ Mahot de la Quarantonnais, certificat *produit*, celui-ci, et dont les premiers juges ont cru pouvoir faire état, bien que, délivré par le notaire attitré de la Compagnie, il n'eût d'autre valeur légale que celle d'une déclaration émanant de la partie elle-même, et que la fausseté du document auquel il se réfère, doive, par voie de conséquence, entraîner celle de tous les actes qui y puisent leur force probante.

A tout esprit juridique, une inscription de faux contre un acte qui n'a jamais été ni « produit », ni « communiqué », ni « signifié », ne manquera pas de sembler au moins étrange. Aussi était-il à prévoir que, sur la requête à lui présentée pour, en vertu de l'article 317 du Code de procédure mixte, obtenir la saisie du document incriminé, Mr. le Président de la Cour déciderait, comme il l'a fait par son ordonnance du 8 Janvier 1900, qu'il n'y avait pas lieu de recourir à une mesure présupposant une production ou une communication préalables de la pièce arguée de faux. Nous avons, du reste, déjà signalé nous-mêmes l'anomalie de la situation créée par la décision des premiers juges; l'ordonnance susvisée est venue faire ressortir encore mieux l'erreur fondamentale de cette décision, basée, tout entière, sur la prétendue sincérité d'un acte qui n'a pas figuré aux débats.

Mais alors, comment ce même acte pourrait-il être encore pris en considération? ne doit-on pas l'écarter purement et simplement? (Article 318 Code proc. civ.).

§

En présence de cette inscription de faux formelle, la Compagnie va-t-elle se résoudre à produire enfin ce document? Il y a lieu d'en douter. — Cherchera-t-elle, par une application fantaisiste de certaines dispositions de la loi française sur les actes passés devant notaire (1), à exciper d'une soi-disant impossibilité légale de retirer un document « déposé au rang des minutes de M° Mahot de la Quarantonnais » ?

Le prétexte serait à peine spécieux : et d'abord, une partie ne saurait être recevable à se prévaloir d'un prétendu obstacle qu'elle se serait, volontairement et avec préméditation, créé à elle-même, dans le but manifeste d'arriver à se soustraire ainsi à une preuve à laquelle elle pourrait se trouver, un jour, tenue.

En second lieu, ce que la loi française vise expressément ce sont les *minutes des actes authentiques* dont il est fait défense aux notaires *qui les ont dressés*, de se dessaisir, et dont il ne leur est permis de délivrer que des expéditions ; mais lorsqu'on se trouve en présence d'un document sous seing privé qui, comme en l'espèce, a formé l'objet d'un dépôt volontaire et spontané, il est clair que le propriétaire de ce document reste libre de le retirer à tout instant, moyennant un simple procès-verbal de retrait.

Je dépose chez mon notaire un testament olographe ; ce dépôt est constaté par un acte authentique ; ce que je ne pourrai pas exiger du notaire, ce sera la *minute* de l'acte relatant ce dépôt ; mais le testament lui-même, l'officier ministériel aura-t-il le droit de m'en refuser la restitution ? On ne prétendra pas, peut-être, que les deux documents, qui ont motivé le dépôt effectué le 18 Mai 1893 par Mr. Guichard, soient des actes authentiques ! en tout cas, ils n'avaient point été dressés par M° Mahot de la Quarantonnais, lequel, simple dépositaire, est tenu de les rendre, toutes les fois que la Compagnie lui en fait la demande.

Quant au prétendu « secret des familles », mystification puérile avec laquelle il serait temps d'en finir, ce n'est évidemment pas là ce qui préoccupe la Compagnie ; mais, verser aux débats l'original de la liste déposée chez M° Mahot de la Quarantonnais, c'est remettre entre les mains de la justice le corps même du délit, et cela elle ne le fera jamais, dût-elle perdre son procès dix fois plutôt qu'une.

---

(1) Articles 22, 23, 24, Loi du 25 Ventôse, an XI.

C'est donc encore à la prescription qu'elle a recours ; malheureusement
pour elle, la qualité de fondateur, dûment établie, étant exclusive de toute
prescription, il ne peut être question de prescription en cette matière
qu'autant qu'il n'y a pas démonstration déjà faite de la dite qualité ; en
d'autres termes, pour pouvoir apprécier si l'action est ou non éteinte par
ce moyen, il faut, au préalable, rechercher si la qualité de fondateur est
établie ou non ; venir poser l'exception de prescription, a priori, comme
fin de non-recevoir préjudicielle à toute discussion de cette qualité, ce serait
présupposer résolue la question, de l'examen de laquelle seulement, peut
dépendre l'admissibilité de cette même prescription ; ce serait, en un mot,
une pure pétition de principe.

Va-t-on soutenir que, même avérés et établis, la qualité de fondateur
et les droits y inhérents peuvent se perdre par le simple non usage, et que,
partant, malgré la constatation de cette qualité, l'inaction du bénéficiaire,
ou de ses ayants-cause, entraînerait la déchéance du droit par le seul effet
du temps écoulé ?

Tel n'a pas été, comme on sait, l'avis de la Cour d'Appel de Paris, qui
dans son arrêt, déjà rappelé, du 25 Février 1892, semble avoir retenu
la doctrine contraire.

Cette doctrine n'est pas et ne saurait être sérieusement controversée ;
la situation juridique du membre fondateur au regard de la société, être
moral distinct de la personne des associés, ut singuli, est complexe, et ne
peut être envisagée sous un aspect unique et unilatéral :

Le membre fondateur est tout d'abord, et sans contestation possible,
un associé ; entre associés, tant que la société fonctionne, la prescription
n'est pas possible pour toute action ayant sa source dans la qualité d'associé
et dans les droits et obligations qui y sont attachés ; —

Le membre fondateur est, au regard du fonds social indivis et des
produits de ce fonds social, un véritable communiste, avec cette circonstance en plus, que le communiste ordinaire peut, à tout instant, provoquer

le partage, alors que l'associé est tenu de subir l'indivision jusqu'à l'expi-
ration du délai contractuel ; à l'imprescriptibilité qui est la conséquence
de cette indivision, vient donc s'ajouter, pour l'associé, celle qui naît de
son impossibilité d'agir: « *Contra non valentem agere, non currit præ-
scriptio* »; —

Le membre fondateur se trouve aussi, envers la société, dans la situation de mandant à mandataire, la société représentant, à la fois, l'univer-
salité des associés et les droits individuels de chacun d'eux dans la ges-
tion du fonds commun ; —

Entre le membre fondateur, enfin, et la société, qui détient, gère et
conserve le fonds social, s'établissent des rapports nécessaires de déposant
à dépositaire (1).

---

(1) En l'espèce, la Compagnie s'était formellement constituée dépositaire des certificats
nominatifs qui n'avaient pas été retirés par les titulaires. Cette constitution de dépôt résulte
d'un document *officiel* dont voici l'extrait :

COMPAGNIE UNIVERSELLE
DU
CANAL MARITIME DE SUEZ   Paris, le 6 Novembre 1860.

N° 2417.

A MONSIEUR LE CHEVALIER DE REVOLTELLA,
Correspondant de la Compagnie Universelle du Canal Maritime de Suez
TRIESTE (Autriche).

Omissis.

En ce qui touche votre Compte des Titres, nous vous prions, Monsieur, de
nous retourner tous ceux qui sont entre vos mains, **Certificats nominatifs**, ou
Actions au porteur qui, pour un motif quelconque, n'ont pas été retirés par les
parties. La Compagnie les déposera **dans ses Caisses et les tiendra à
la disposition des titulaires** qui auront à les faire retirer directement à
l'Administration Centrale soit par votre intervention, soit par un tiers.

Omissis.

Agréez, Monsieur, nos salutations les plus empressées.

Le Président,
(Signé) FERD. DE LESSEPS.

Ces différentes formes et modalités juridiques sont incompatibles avec toute possibilité de prescription au profit de la société à l'encontre du fondateur.

Nous aurons à revenir sur ces principes ; il importait de les rappeler dès maintenant, pour bien établir que la prescription, dont la Compagnie voudrait exciper, est essentiellement subordonnée à la discussion préalable de la qualité de feu le Baron de Brück, et, conséquemment, à l'examen, le cas échéant, et si besoin est, des moyens de faux articulés contre la liste par laquelle on prétend faire écarter cette qualité.

La Compagnie ne saurait donc y échapper ; qu'elle le veuille ou non, pour qu'elle puisse parler de prescription, il lui faut avant tout démontrer que de Brück n'avait pas acquis la qualité de fondateur ; il lui faut combattre et anéantir, par des preuves contraires, la preuve certaine du droit qui résulte des titres produits ; il lui faut, en un mot, si elle a une confiance quelconque dans sa liste, la produire.

« Mais, dit-elle, les actes dans lesquels les héritiers de Brück préten-
« dent trouver la démonstration de la qualité qui, à les en croire, aurait été
« acquise par leur auteur, ne constituent, envisagés par eux-mêmes, que
« de simples promesses personnelles de F. de Lesseps, promesses subor-
« données à l'approbation vice-royale, dont on ne rapporte pas la preuve,
« et n'ayant, par suite, qu'un caractère tout provisoire ».

Cette objection ne résiste pas à l'examen. — Le système, très-ingé-
nieux et très-juridique, « de l'engagement de faire non suivi d'exé-
« cution et ne donnant ouverture qu'à une action purement personnelle,
« prescriptible par le seul effet du non usage », a pu être utilement sou-
tenu par la Compagnie à l'occasion d'autres réclamations précédentes qui,
bien que de même nature, se présentaient, comme on le verra en son lieu,
dans des conditions absolument différentes en fait ; il est inapplicable ici.

Lorsque, le 2 Mars 1856, Mr. F. de Lesseps, dans une note administrative à Mr. de Revoltella, l'agent, à Trieste, de la Compagnie en voie de
formation, se référait à une attribution « *antérieurement* » faite au Baron de

Brück, ensemble avec d'autres (1), il ne promettait rien et ne prenait aucun engagement personnel de faire quoi que ce soit ; il constatait purement et simplement un fait accompli; il en donnait acte, pour ainsi dire : « **Ces** « **parts sont indépendantes de celles qui ont été antérieurement** « **réservées à MM. le Baron de Brück, Chev. de Negrelli et Chev.** « **Revoltella** ».

Lorsque, deux ans plus tard, le 24 Septembre 1858, à la veille de l'installation officielle de la Compagnie qui fonctionnait déjà en fait, Mr. F. de Lesseps déclarait encore « **que le Baron de Brück était inscrit sur le** « **Registre des fondateurs pour dix actions de fondation** » (2), envisageait-il une éventualité future et conditionnelle ? ou ne consacrait-il pas plutôt le fait constant, acquis et définitif, inconciliable avec une obligation de faire ? — Et celui qui parlait ainsi, c'était, qu'on ne l'oublie pas, le mandataire autorisé du Vice-Roi, agissant au nom et pour compte de ce dernier, dans l'exercice d'un mandat qui n'a jamais été désavoué, jusqu'au jour où, l'objet de ce mandat s'étant trouvé accompli, mandant et mandataire ont disparu pour faire place à la Société, qui s'est substituée à eux.

L'absence de ratification Souveraine qui seule pouvait rendre définitif le droit attribué ?..... Mais alors Mr. F. de Lesseps mentait audacieusement lorsque, dans cette même note du 2 Mars 1856 où il parlait de l'attribution antérieurement réservée au Baron de Brück, il indiquait que ce dernier *avait été prié* « **de la part de S.A. le Vice-Roi d'E-** **gypte** » *de désigner le Banquier de la Compagnie à Vienne ?*

Il mentait lorsque, dans ce même document, il affirmait que « **S.A. le** « **Vice-Roi avait fait mettre à la disposition du Baron de Brück,** *pour* « *les distribuer en Autriche, trois parts entières de membres fondateurs,* « *divisibles chacune d'elle en dix actions* » (et indépendantes, comme on sait, de celles qui lui avaient été antérieurement réservées pour lui-même)?

---

(1) Voir page 11.
(2) Voir page 12.

Il mentait enfin lorsque, le 20 Novembre 1860, dans une lettre évidemment destinée à être mise sous les yeux de ce même Saïd Pacha dont il invoquait les actes, il osait affirmer « que **par son décret du 19 Mai 1855, S.A. avait approuvé une première liste de 60 membres** » ? Par son décret du 19 Mai 1855 ! on a bien lu ; Saïd Pacha aussi a dû bien lire, et, si la chose n'avait pas été vraie, aurait-il laissé passer une allégation aussi téméraire ? Et l'on vient parler d'absence de ratification souveraine, de liste non approuvée, d'attribution provisoire, de « simples promesses ou obligations de faire non exécutées » ? Mais que fallait-il donc de plus et que devaient encore faire Saïd Pacha et de Lesseps ? On demande l'approbation d'une liste ? celle des 60 premiers fondateurs de 1855, dans laquelle se trouvait indéniablement de Brück, avait été approuvée ni plus ni moins que par **un décret** : il était difficile d'exiger une ratification plus catégorique et plus solennelle !

§

En l'état de la situation de fait toute particulière qui caractérise la réclamation des héritiers de Brück, la Compagnie est-elle fondée à se prévaloir de ce qui, dans des instances antérieures, analogues quant à leur objet mais bien différentes à tous autres égards, a été décidé en sa faveur, notamment par la Cour d'Appel de Paris dans une espèce Jussef bey Sourour, et par la Cour mixte d'Alexandrie dans une autre espèce Vᵛᵉ Kaïr el Din pacha ?

A l'en croire, ces précédents judiciaires seraient venus créer une sorte de « chose jugée » lui permettant de repousser, par l'exception de prescription, toute revendication quelconque de qualité de fondateur de la Compagnie de Suez ; elle va même jusqu'à laisser entendre que, par l'arrêt rendu sur la réclamation de la Vve Kaïr el Din pacha le 9 Mars 1898, la Cour mixte d'Alexandrie, procédant, pour ainsi dire, par voie de réglementation, aurait eu en vue de la mettre définitivement à l'abri contre toutes velléités ultérieures de tentatives similaires !

En est-il bien ainsi ? Peut-il être un seul instant question, nous ne dirons pas « de chose jugée » ni encore moins de « réglementation », mais de simples précédents ?

Les arrêts Sourour et Kaïr-el-Din ne sont que des arrêts d'espèces ; ils visaient des situations de fait tout autres, comportant, par suite, une solution juridique absolument différente.

On va même voir que — bien loin de constituer un préjugé quelconque contre la présente réclamation, — les motifs qui ont amené la Cour de Paris, dans l'affaire Sourour, et la Cour Mixte d'Alexandrie, dans l'affaire Kair-el-Din, à déclarer la prescription applicable à ces deux demandes, démontrent qu'elle ne saurait être invoquée dans les débats actuels, et que les héritiers de Brück doivent avoir gain de cause *par les raisons mêmes sur lesquelles ont succombé Youssef bey Sourour et les hoirs Kaïr-el-Din.*

Et d'abord, ni Sourour ni Kair-el-Din n'apportaient la preuve que la qualité de membres fondateurs, dont ils se réclamaient, eût jamais, à un moment quelconque, effectivement reposé sur leur tête ou sur celle de leur auteur ; ils se bornaient à arguer, sans en justifier, de prétendus ordres Vice-Royaux ; l'un, Sourour, alléguant que, en 1857, il aurait été compris, au Soudan, dans la même attribution que son ami et compagnon d'armes Ratih bey, reconnu, celui-ci, comme membre fondateur ; les autres, les héritiers Kair-el-Din, produisant les photographies de deux lettres, confidentielles, adressées, en 1857 aussi, par Saïd Pacha à son Ministre de l'Intérieur.

Et, pour suppléer à l'absence de la preuve préalable, nécessaire à l'établissement de la qualité revendiquée, ils prétendaient, — ce qui ne pouvait manquer de paraître en effet bizarre, — que la Compagnie, défenderesse, était tenue de leur apporter la démonstration dont ils avaient besoin, ou, tout au moins, de prouver qu'ils n'étaient pas membres fondateurs, et de leur produire la liste déposée chez le notaire, pour, au cas où ils n'y auraient pas figuré, être en mesure d'en faire ressortir la fausseté.

A bon droit, la Compagnie, en présence d'une prétention qu'aucune justification ne venait étayer, répondait : qu'elle n'avait pas, elle défende-deresse, à fournir à ses adversaires la preuve qu'ils n'apportaient pas ; — que "non sunt sumenda arma domo rei"; — que la qualité de fondateur, qui seule aurait pu donner naissance à une action *réelle imprescriptible*, n'étant pas démontrée, on se trouvait en présence d'une demande en exé-cution d'une obligation personnelle de faire, à laquelle elle opposait la prescription accomplie par le seul effet du temps écoulé.

Dans la cause actuelle, c'est la situation précisément inverse qui se vérifie : les héritiers de Brück établissent et démontrent par une série de documents et de reconnaissances, dont la sincérité n'est pas et ne pourrait pas être mise en doute, que leur auteur, admis, dès le début, comme membre fondateur de la Compagnie de Suez et de par la volonté du Souverain et de par l'exécution donnée à cette volonté par F. de Lesseps, n'a cessé d'être maintenu comme tel, jusqu'au moment où, la Société s'étant trou-vée définitivement constituée, il n'était plus possible de revenir sur le fait irrévocablement accompli ; — ils établissent et démontrent que, légalement impossible, le retrait de cette qualité, définitivement entrée dans le patri-moine du bénéficiaire, n'a jamais, en fait, été opéré et n'a pas pu s'opérer ; — ils établissent et démontrent même que toute allégation contraire se trouve contredite et démentie par les éléments constants de la cause.

C'est la Compagnie qui vient prétendre que cet ensemble décisif de preuves serait détruit par un document, qui est entre ses mains, ou du moins à sa disposition exclusive, et qu'elle refuse de produire.

On ne se trouve plus ici en présence d'une simple obligation de faire non exécutée et ne pouvant se résoudre que par une action personnelle prescriptible et prescrite ; la qualité de fondateur, établie et démontrée, est exclusive de toute prescription, et la Compagnie doit être déboutée de son exception, par les motifs mêmes qui ont amené le déboutement de Sourour et des hoirs Kaïr-el-Din.

Quant au procédé, véritable jeu de raquettes, à l'aide duquel la Compagnie voudrait, suivant les opportunités de sa défense, renvoyer ses adversaires de Saïd-Pacha à F. de Lesseps et de F. de Lesseps à Saïd Pacha, il mérite une mention :

A Sourour et Kair-el-Din qui arguaient d'ordres de Saïd Pacha "souverain dispensateur" (1), la Compagnie objectait que ce qu'il leur aurait fallu démontrer, c'était l'exécution effective donnée à ces ordres *par Mr. F. de Lesseps*, faute de quoi on se trouvait en présence de simples obligations de faire, n'ayant pu donner ouverture qu'à des actions purement personnelles en responsabilité, prescrites par le seul effet du temps écoulé.

Et c'est bien !

Mais voici qu'aux héritiers de Brück, porteurs, ceux-ci, de reconnaissances formelles et itératives de ce même F. de Lesseps, constatant « qu'en exécution des ordres de S.A. Saïd Pacha » le défunt avait été inscrit comme membre fondateur, on vient répondre « que tout cela n'a et ne « peut avoir d'autre effet légal que de constater un engagement personnel « de de Lesseps, mais ne saurait légalement établir un droit effectif de « propriété ».

A ceux qui se disent ayants-cause directs du Vice-Roi, on oppose la non exécution par son mandataire des instructions données ; à ceux qui se réclament des actes de ce même mandataire, ayant agi en vertu du mandat spécial à lui conféré, on objecte qu'il n'avait pas mandat (2).

Et maintenant, abordons l'examen des deux arrêts en question.

1° L'arrêt Sourour :

Dans cette espèce, le demandeur posait *en fait* que, en 1857, Saïd Pacha, se trouvant au Soudan, avait verbalement donné ordre à Mr. F. de Lesseps de l'inscrire, en même temps qu'un certain Ratib-Bey, connu

(1) Jugement dont appel.
(2) Jugement dont appel.

depuis sous le nom de Ratib le Sirdar, pour une part de fondateur. Il n'alléguait même pas que, déférant à cet ordre, Mr. de Lesseps l'eût exécuté en ce qui le concernait lui, Sourour: mais, disait-il, la Compagnie ayant, depuis, reconnu comme fondateur et réglé Ratib-Bey, elle devait reconnaître et régler, de même, celui dont la situation était identique, et qui puisait son droit dans un même ordre souverain : ce droit, ajoutait Sourour, ne pouvait être prescrit du moment où, par l'effet du prétendu ordre Vice-Royal, Mr. F. de Lesseps se trouvait être devenu son mandataire, dépositaire en même temps de la part qui lui avait été attribuée.

A quoi la Cour de Paris répondait avec raison :

« Que la prétention de Sourour de ne voir dans de Lesseps que son propre mandataire, « détenant pour son compte personnel une part de fondateur, reposait tout entière sur une pure « pétition de principe et supposait résolue en sa faveur la question qui formait le fond même « du débat ; que, pour que de Lesseps eût détenu pour compte de Sourour une part de fondateur, « il aurait fallu tout d'abord qu'il fût établi que cette part avait, à un moment quelconque, « résidé sur la tête de Sourour ».

Quoi de plus juste?

D'autre part, de Lesseps avait bien été le mandataire de S.A. Saïd Pacha ; « Saïd Pacha seul ou ses ayants-cause incontestés auraient pu se prévaloir de la posi- « tion que le Vice-Roi avait prise au regard de de Lesseps ; mais un tel droit n'appartenait pas « à Sourour », duquel de Lesseps ne tenait aucun mandat.

Donc: ni dépôt, ni mandat, ni inscription effectuée par de Lesseps du nom de Sourour comme fondateur, ni maintien de ce nom jusqu'au dernier moment « avec inscription dans le registre de la Société », ni reconnaissances confirmatives, en un mot: rien! Simple allégation d'un prétendu ordre donné par Saïd Pacha et non exécuté par de Lesseps: obligation de faire, au premier chef!

Telle est l'économie du procès Sourour ; on y chercherait en vain une assimilation, une analogie, même lointaine, avec l'espèce actuelle.

2° L'arrêt Kaïr-el-Din :

Pas plus que Youssef Bey Sourour, les héritiers Kaïr-el-Din ne justifiaient que la qualité de fondateur de la Compagnie de Suez eût, à un moment quelconque, résidé sur la tête de leur auteur.

Ils ne produisaient, comme nous l'avons dit, que des photographies de deux lettres confidentielles en langue turque, qui auraient été adressées en 1857, par Saïd Pacha à son Ministre de l'Intérieur, et desquelles ils voulaient faire résulter la preuve que, précédemment, le nom de leur auteur avait été enregistré au Secrétariat des commandements de S. A., « parmi d'autres fonctionnaires et militaires du Gouvernement Egyptien, comme propriétaire d'une ou plusieurs parts de fondateur ».

Et la Cour, après avoir commencé par relever « que par suite de leur « caractère confidentiel, il ne semblait pas que ces deux lettres eussent jamais été communiquées « à de Lesseps, » envisageait l'hypothèse où ce dernier « aurait effectivement reçu l'ordre d'inscrire Kaïr-el-Din parmi les fondateurs, » et concluait que, « du moment où le dit de Lesseps n'avait pas exécuté les engagements à lui imposés, le bénéfi- « ciaire ou ses ayants-cause auraient bien eu contre lui une action personnelle pour l'y contraindre, « mais que cette action ne pouvait être considérée comme une demande en revendication, « puisqu'elle ne prenait sa source que dans une obligation personnelle de faire, prescriptible par « le seul laps du temps écoulé (prescription extinctive ou libératoire), et à laquelle, par suite, ne « pouvait être applicable l'article 106 du Code Civil mixte » qui ne vise que la prescrip- tion acquisitive (usucapion).

Et ici encore, voilà qui est excellemment raisonné.

Mais en quoi ces déductions peuvent-elles venir à l'encontre de la ré- clamation des hoirs de Brück ? Ne semble-t-il pas, au contraire, qu'elles en démontrent le bien fondé ? Dans l'espèce actuelle, il y a eu non seule- ment exécution pleine et entière, par de Lesseps, de l'ordre Vice-Royal, inscription dans la liste de 60 membres définitivement et irrévocablement approuvée par décret de S. A., acceptation par le Baron de Brück, confir- mation itérative par de Lesseps, inscription dans le registre de la Société ; il y a eu attribution définitive de propriété et passage dans le patrimoine de l'attributaire, résultant du fait même de la constitution de la Société et de la déclaration aux termes de laquelle elle se reconnaissait dépositaire des certificats nominatifs, déjà émis, et non retirés par les titulaires. (Lettre du 6 Novembre 1860). Ni de Brück ni ses héritiers n'avaient à con- traindre qui que ce soit à exécuter un engagement *déjà exécuté* et devenu un fait acquis.

En désespoir de cause, on en est réduit à faire état d'une énonciation incidente que l'on a avidement recueillie dans cet arrêt, et dont on cherche à grossir outre mesure la portée : « Kaïr-el-Din — dit la Cour, — n'aurait « pu devenir propriétaire de ces titres que par la tradition qui lui en·aurait « été faite. »

Il est évident qu'ici l'expression n'a pas répondu à la pensée exacte qu'avait certainement la Cour.

La théorie de la tradition, comme élément essentiel de la transmission de propriété, pouvait trouver son application dans l'ancien droit romain, qui l'entourait même de certaines formalités sacramentelles : elle a été complètement abandonnée, et même répudiée, par le droit moderne, d'après lequel la propriété se transmet et s'acquiert par le seul effet du consentement; c'est là un principe qui, en matière d'actions notamment, est expressément consacré par l'article 45 du Code Comm. mixte et l'article 36 du Code Comm. français. — Poser comme condition *sine qua non* une tradition proprement dite, eût été une erreur de droit, doublée en l'espèce d'une inexactitude manifeste en fait, puisque, d'après la lettre même de Mr Charles de Lesseps à Mr. le Comte Zichy en date du 6 Janvier 1890, « *il n'y avait eu ni brevets de nomination de fondateurs, ni titres créés et* « *émis, si non après la constitution définitive de la Société, et même* « *jusqu'en 1862.* »

Ce que la Cour a voulu viser dans l'affaire Kaïr-el-Din, c'est l'absence d'une reconnaissance expresse de Mr. F. de Lesseps, attribuant la qualité de fondateur et fixant la quotité des parts allouées : c'est, en d'autres termes, la tradition idéale, mais attributive de propriété irrévocable, qui résulte des déclarations dont le Baron de Brück a été précisément l'objet.

§

On connaît maintenant le procès ; on connaît aussi le sort qu'il a eu devant le Tribunal du Caire. Il reste à faire savoir par quels arguments, ou pour mieux dire par quelles appréciations, les honorables magistrats du premier degré sont arrivés à une solution que les éléments constants de la cause ne semblaient pas devoir faire pressentir.

Leur décision ne fait en somme que reproduire, en les précisant avec une remarquable netteté, les divers moyens qui avaient été plaidés par la Compagnie.

Le Tribunal a bien compris que, pour pouvoir apprécier le bien ou le mal fondé de l'exception de prescription soulevée par cette dernière, il était indispensable d'examiner, avant tout, si la qualité de fondateur dont, au nom du Baron de Brück, se réclamaient ses héritiers, était établie. — Aussi toute son argumentation ne tend-elle à autre chose qu'à démontrer que cette qualité n'avait pas été définitivement acquise par le défunt ; mais pour arriver à cette démonstration, il est obligé de faire, d'une part, abstraction complète de certains faits décisifs et constatés, et de tabler d'autre part sur la sincérité *a priori* d'un document qui, simplement allégué, ne figurait pas aux débats et que tout concourait à rendre, au moins, suspect.

Voici au surplus l'économie de cette décision que nous nous proposons de réfuter :

« Pour que la preuve de la propriété d'une part de fondateur de la
« Compagnie de Suez soit faite, il faut que le nom de la personne qui in-
« voque ce droit ait été porté et figure sur la liste qui, aux termes des deux
« firmans de concession des 30 Novembre 1854 et 5 Janvier 1856, devait
« être approuvée par S.A. Saïd Pacha, et qu'ensuite de cette ratification,
« il ait été inscrit, comme tel, dans les registres de la Société.

« La *seule* liste qui ait été officiellement approuvée par Saïd Pacha
« est celle dont la copie, transmise le 4 Mai 1861 par Kœnig-bey à Mr. de
« Lesseps, se trouve aujourd'hui déposée en l'étude de Mᵉ Mahot de la
« Quarantonnais.

« Or, d'après un certificat négatif délivré par ce dernier, le nom du
« Baron de Brück ne figurerait pas sur cette liste : donc le Baron de Brück
« n'était pas membre fondateur de la Compagnie de Suez, et ses héritiers
« sont mal venus aujourd'hui à revendiquer des droits dont leur auteur
« n'avait point été investi.

« Ces derniers établissent, il est vrai, par des documents « *indéniables* »
« que Mr. F. de Lesseps avait formellement reconnu et déclaré le Baron
« de Brück comme inscrit parmi les membres fondateurs; mais ils ne
« prouvent nullement que cette inscription ait été finalement maintenue et
« ratifiée par le Vice-Roi « *seul et souverain dispensateur de ces récom-*
« *penses ou de ces faveurs* » (1).

« Il est d'autre part certain que, *ni en 1856, ni en 1859, ni même*
« *en 1860 la ratification de la liste n'avait encore été obtenue du Vice-Roi,*
« *et, partant, que les droits des membres fondateurs n'étaient pas jusque là*
« *irrévocablement acquis,* puisque, en expédiant la liste, en Novembre 1860,
« de Lesseps écrit à Kœnig bey de prendre les ordres du Vice-Roi,
« *c'est-à-dire de la soumettre à son adhésion.*

« Dans ces conditions les promesses, les reconnaissances, voire même
« les engagements contractés par Mr. de Lesseps, s'ils autorisent à retenir
« que ce dernier « *certain de l'approbation Vice-Royale et s'attribuant des*
« *pouvoirs qu'il n'avait pas, avait voulu mieux s'attacher ceux qui l'aidaient*
« *dans son œuvre* », ne sauraient suffire à démontrer la qualité de fondateur
« revendiquée pour le défunt Baron de Brück, et pouvaient simplement
« entraîner la responsabilité de de Lesseps ou de la Compagnie, en

---

(1) Dans les affaires Sourour et Kaïr el Dir, on arguait d'ordres vice-royaux, retenus
insuffisants, comme non suivis d'exécution par M. de Lesseps. Ici, on se trouve en présence de
déclarations de M. de Lesseps, relatant l'exécution par lui donnée aux ordres vice-royaux. Il
faudrait cependant s'entendre une fois pour toutes.

« donnant ouverture à une action purement personnelle basée sur une
« obligation de faire, action éteinte par le seul effet du temps écoulé et à
« laquelle, à bon droit, la Compagnie oppose le moyen de la prescription ».

Quant aux éléments (1) qui, indépendamment de toute inscription de
faux, venaient établir, à l'évidence, la fausseté du document sur le vu duquel Me Mahot de la Quarantonnais a délivré le certificat négatif produit
par la Compagnie, le Tribunal se borne à les qualifier dédaigneusement
« de simples allégations dénuées de toute justification », en ajoutant :
« qu'ils paraissent hautement invraisemblables si l'on considère que la
« fabrication de cette fausse copie aurait nécessité la falsification d'une
« série d'autres pièces, documents et registres et le concours d'un grand
« nombre de personnes, administrateurs et employés de la Compagnie, sans
« compter les dépositaires de la liste originale (2), et que l'instruction pénale
« qui a été ouverte en France sur la plainte de Silvan et les constatations
« faites par l'expert Flory, comme par le commissaire de police Bernard,
« ont fait ressortir les apparences de sincérité que présente la liste dont s'agit
« et que confirment les indications recueillies dans les registres, papiers et
« procès-verbaux de la Compagnie défenderesse » (3).

Cette argumentation roule sur une triple équivoque ; — elle est le
résultat d'une série de pétitions de principe, en posant comme démontré
ce qu'il s'agit précisément de démontrer, et en faisant abstraction des faits
constants.

La triple équivoque :

En 1860, il n'y avait plus à « dispenser de récompenses ou de faveurs » ;
F. de Lesseps, voire même Saïd Pacha, avaient disparu de la scène depuis

---

(1) Pages 26 à 40 ci-dessus.

(2) Le Tribunal perdait ici de vue, ce qu'il venait de constater deux lignes plus haut, à
savoir que cette liste ne se retrouve plus !

(3) Il peut paraître étrange que le Tribunal ait cru devoir faire état, contre les héritiers de Brück, de constatations non contradictoires, auxquelles ils n'étaient pas parties !

le moment (20 Décembre 1858) où, la Compagnie de Suez, *définitivement* *constituée*, avait pris leur lieu et place et « *s'était substituée à toutes les* « *obligations et charges contractées par eux antérieurement à la constitution* « *de la Société* ».

Ce n'est pas sans une certaine surprise que l'on voit le Tribunal poser en fait : « que ni en 1856, ni en 1859, ni même en 1860, la ratification de la liste « n'avait encore été obtenue du Vice-Roi, et partant que les droits des membres fondateurs « n'étaient point jusque-là irrévocablement acquis ». Et la liste des 60 premiers fonda- teurs approuvée dès l'année 1855 **par décret du 19 Mai**?... Et les mille certificats nominatifs émis depuis le 12 Février 1859, en vertu de la déli- bération de même date du Conseil d'Administration, et répartis entre les 166 personnes que Mr. Charles de Lesseps indiquait, dans ses déclarations de 1890, comme fondateurs ou parties prenantes au moment de la consti- tution de la Société en 1858?... Et les avances déjà faites par les membres fondateurs *capitalistes* et à eux remboursées dès avant 1860?... Et, enfin, la déclaration par laquelle la Compagnie se constituait dépositaire des certificats nominatifs non retirés jusqu'au 6 Novembre 1860?.....

Voilà la première équivoque ; voici la seconde :

En retenant comme preuve de l'absence de toute ratification Vice- Royale jusqu'en 1860, la lettre par laquelle, à cette date, de Lesseps envoyait à Kœnig Bey la liste de 1855, par lui **complétée** (1), le Tribunal a confondu la simple transmission que faisait le Président de la Compagnie, d'une liste définitive antérieure, avec une prétendue demande d'approba- tion d'une liste nouvelle non encore arrêtée et confirmée. — De Lesseps ne sollicitait pas la ratification, ni même l'approbation de la liste qu'il remettait, ratification et approbation *dont il ne pouvait plus être ques-* *tion en 1860*, deux ans après que, de par le procès-verbal du 20 Dé- cembre 1858, sa personnalité et celle du Vice-Roi étaient hors de cause ; il

---

(1) Le Tribunal, entraîné sans doute par les nécessités de son argumentation, substitue ici aux mots « *liste complétée* », les mots « *liste complète* » ce qui dénature tout le sens et la portée de cette pièce. — Lisez donc complétée et non complète. — La nuance est importante !

se bornait à demander que cette liste, qu'il expédiait, fût déposée dans les archives Vice-Royales et que copie certifiée conforme lui en fût retournée.

Quant aux mots « *après avoir pris les ordres de S.A.* », mots que, par une interprétation forcée, inconciliable avec la teneur même de la lettre de de Lesseps, le Tribunal voudrait rapporter à une adhésion préalable du Souverain à la liste expédiée, ils ne visent manifestement que la délivrance d'une copie certifiée conforme. Rappelons, au surplus, le texte même du passage dont il est question ici ; on va voir s'il pouvait prêter à ambiguïté :

« *J'ai l'honneur de vous remettre aujourd'hui la liste complétée des*
« *membres fondateurs afin qu'elle reste déposée dans les archives du cabinet*
« *Vice-Royal* » — (donc aucune adhésion à prendre quant au contenu de la liste même) — « *et que vous puissiez, après avoir pris les ordres de S.A.,*
« *m'en délivrer copie* ».

C'était pour la délivrance de la copie, et non pas pour l'approbation de la liste même, que Kœnig bey devait prendre les ordres de S.A.

Quant à la troisième équivoque, elle est encore plus manifeste :

Ni en 1858, ni en 1860, ni après, ni jamais plus, il ne pouvait être question, pour le défunt de Brück ou pour ses héritiers, d'action personnelle à exercer contre de Lesseps ou contre la Compagnie, soit pour les contraindre à exécuter un engagement contracté, soit pour les tenir responsables de la non exécution de ce même engagement : l'engagement que de Lesseps avait assumé, il l'avait rempli et *complètement* rempli ; non seulement de Brück se trouvait compris parmi les membres fondateurs reconnus antérieurement à la constitution de la Société, mais il était, au moment de sa constitution, *porté dans le registre des fondateurs* de cette même Société (Lettre de F. de Lesseps |24 Septembre 1858).

Et celle-ci, en prenant le lieu et place de F. de Lesseps, et en se substituant à ses charges et à ses obligations, ainsi qu'à celles du Vice-Roi, avait, par cela même, consacré le fait acquis ; ce qui équivaut à dire que la qualité de fondateur du Baron de Brück, qualité définitivement et irrévocablement entrée dans son patrimoine par le fait même de la constitution de la Société, ne pouvait plus être encore subordonnée à une ratification ultérieure quelconque.

« Il faut », dit le jugement, « que le nom de la personne qui invoque « le droit à la propriété d'une part de fondateur ait été inscrit comme tel « dans les registres de la Compagnie de Suez. »

Le Tribunal avait-il donc ici perdu de vue la lettre du 24 Septembre 1858, dans laquelle Mr. F. de Lesseps déclarait expressément « que le Ba- « ron de Brück était inscrit dans le registre des fondateurs pour 10 ac- « tions » ? Ou bien, a-t-il pensé que l'on pût, après coup, et d'un trait de plume, faire table rase de tous les actes et de tous les livres d'une société qui, définitivement constituée dès le 20 Décembre 1858, était, depuis plus de deux ans, en plein fonctionnement?

Les pétitions de principe :

Pour arriver à retenir, à l'encontre des reconnaissances réitérées de Mr. F. de Lesseps, que le Baron de Brück n'avait pas acquis la qualité de membre fondateur, et que les documents, affirmant l'attribution à lui faite, ne constituent que de simples promesses ou engagements personnels, le Tribunal est obligé d'admettre comme constants et démontrés deux faits, dont la réalité est précisément à établir au préalable, et que tous les élé- ments de la cause semblent au contraire devoir faire écarter, à savoir :

1° Que la liste actuellement déposée en l'étude de Mᵉ Mahot de la Qua- rantonnais est bien, sans discussion possible, la liste même, non altérée, dont la copie a été retournée à la Compagnie, le 4 Mai 1861, par Kœnig-bey, et dont l'original devrait se trouver dans les archives égyptiennes ;

2° Que S.A. Saïd Pacha, « souverain dispensateur », aurait, au dernier moment, remanié, de sa propre initiative, la liste que venait de lui expédier Mr. de Lesseps et remplacé le nom du Baron de Brück par un autre.

Or le document déposé chez le notaire, le Tribunal ne l'a pas vu, puis- que jusqu'à l'heure actuelle, il n'a jamais été produit ni en original ni même en expédition conforme, et en proclamer *a priori* la sincérité et l'identité dans ces conditions, c'était supposer résolue une des questions mêmes qui forment l'objet du débat.

D'autre part, où se demande où les premiers juges ont trouvé, non pas une preuve, mais un indice quelconque, ayant pu les amener à supposer que Saïd Pacha serait revenu sur les désignations antérieures, ou, tout au moins, sur celle qui avait trait au Baron de Brück. A quelle époque se serait placé cet événement qui n'aurait pas manqué de produire une certaine émotion? Où en est la trace dans le dossier? Suffit-il d'alléguer? Si l'on s'en tient aux documents de la cause, c'est, comme il a été démontré à exubérance, à une conclusion diamétralement opposée que l'on arrive forcément : — rappelons, encore une fois, quelques dates et quelques faits que le Tribunal semble avoir complètement perdus de vue :

Le 30 Avril 1855, de Lesseps, d'accord avec le Vice-Roi, arrête une première liste de 60 membres fondateurs, liste sur laquelle se trouve incontestablement de Brück, et que Saïd Pacha approuve, par décret, le 19 Mai 1855 ;

Le 2 Mars 1856, F. de Lesseps confirme, dans une note officielle, l'attribution, que S.A. le Vice-Roi avait antérieurement faite au Baron de Brück, de la qualité de fondateur ;

Le 24 Septembre 1858, F. de Lesseps écrit que de Brück, ensemble avec Negrelli et Revoltella, « sont inscrits dans le Registre de la Société » pour les parts respectives de fondateurs qui leur avaient été antérieurement attribuées ;

Le 20 Décembre 1858, la Société est définitivement constituée et assume toutes les obligations et les charges de de Lesseps et du Vice-Roi ;

Le 12 Février 1859, le Conseil d'Administration décide la création de mille certificats nominatifs à distribuer aux membres fondateurs ; il décide même — ce qui est exclusif de toute possibilité de changement ultérieur — le remboursement de leurs avances aux dits fondateurs ;

Le 6 Novembre 1860, la Compagnie se constitue *dépositaire* des certificats nominatifs non retirés jusque là par les ayants-droit et déclare les tenir à leur disposition.

Le 20 Novembre 1860, F. de Lesseps, Président de la Société, expédie à Kœnig Bey, pour être déposée dans les archives Vice-Royales, *la liste de 60 membres* approuvée, par décret, dès l'année 1855, *complétée* depuis cette date par l'adjonction de nouveaux fondateurs ;

Le 4 Mai 1861, Kœnig Bey renvoie, sans la moindre observation, une expédition authentique de cette même liste, dont il vient de déposer l'original dans les archives Vice-Royales.

Retenir donc que « de Lesseps, se croyant sûr de l'approbation vice-« royale, s'attribuait des pouvoirs qu'il n'avait pas », alors que, — déjà couvert par un décret qui avait approuvé la première liste de 60 fondateurs comprenant le Baron de Brück, — il était en outre expressément investi du mandat de compléter cette liste par l'adjonction de nouveaux noms, c'était là une supposition gratuite que rien ne venait justifier et que tout, au contraire, concourait à faire écarter.

Et comment, en présence du rapport de de Lesseps à S.A. du 30 Avril 1855, et de la lettre qu'il adressait le 20 Novembre 1860 à Kœnig Bey, rapport et lettre confirmant l'existence de cette même liste de 60 membres, définitivement approuvée **par un décret** vice-royal du 19 Mai 1855, comment, demandons-nous, le Tribunal a-t-il pu affirmer si catégoriquement « que même en 1860, aucune liste n'avait encore été arrêtée par « S.A. le Vice-Roi » ?

Cette approbation, par décret, d'une première répartition de 60 membres ne répondait-elle pas au vœu de l'art. 11 du firman du 30 Novembre 1854 ? Et, en reproduisant à l'article 19 du firman successif du 5 Janvier 1856, une disposition qui avait déjà formé l'objet de l'art. 11 du précédent, entendait-on annuler ce qui avait été déjà fait en exécution du premier firman, ou ne visait-on pas plutôt les nouvelles désignations à venir, qui, jusqu'à la constitution définitive de la Société, devaient parfaire le nombre de cent primitivement fixé ?

Le firman du 5 Janvier 1856, n'était qu'un acte confirmatif ; bien loin de modifier, il ratifiait la situation préexistante, créée par le précédent firman, et, si on avait voulu revenir sur le passé, n'aurait-on pas profité de l'occasion pour le déclarer expressément ?

D'ailleurs, l'affirmation toute gratuite des premiers juges peut-elle se concilier avec la teneur des instructions que, par sa lettre officielle du 6 Novembre 1860, N. 2147, le Président de la Compagnie transmettait à son correspondant à Trieste? (Voir ci-dessus, page 50, en note). Les certificats nominatifs, représentant les parts de fondateur distribuées, étaient donc bien déjà, avant cette époque, entre les mains des titulaires, ou devaient, **pour ceux qui ne les avaient pas retirés, rester à titre de dépôt dans les caisses de la Compagnie**: comment concilier une pareille situation avec la possibilité de remaniements ultérieurs?

Encore une fois, sur quoi le Tribunal s'est-il donc appuyé pour affirmer que Saïd Pacha n'aurait pas ratifié la liste à lui remise par de Lesseps? Sur le document existant chez M° Mahot de la Quarantonnais, document qui ne lui a pas été soumis, et dont l'identité et la sincérité ne sont pas démontrées? Cela équivaudrait à dire que la réalité d'un fait, non établi, pourrait résulter d'un autre fait dont la preuve est à rapporter.

En s'appropriant le système plaidé par la Compagnie, les premiers juges ne se rendaient-ils pas compte de toute l'anomalie de la situation qu'on venait leur faire consacrer? Car en somme, dégagée de tous les artifices du raisonnement, et réduite à sa véritable portée, la solution à laquelle s'est arrêté le Tribunal se traduit, en définitive, par la proposition suivante :

La qualité de fondateur de la Compagnie de Suez ne peut résulter que d'un document qui est entre ses mains et dont seule elle a le droit de se prévaloir; tous les actes, titres, reconnaissances attestant jusqu'à preuve contraire l'attribution de cette qualité au profit d'un ayant droit, doivent céder le pas à ce document; or ce document elle n'a pas à l'exhiber, et, sans être mis à même d'en constater, de visu et par soi-même, la sincérité et l'identité, il faut y prêter foi sur les simples affirmations de la Compagnie ou, pour elle, de son propre notaire.

Il s'en suit que la qualité de fondateur, — qualité que, dans les pré-

misses mêmes de sa décision (1), le Tribunal retient comme imprescriptible, — ne serait pas un droit existant *en soi*, indépendamment de la volonté de celui contre lequel il est invoqué : ce serait un droit subordonné
au bon plaisir du débiteur, et qu'il dépend uniquement de celui-ci de reconnaître ou de repousser. Il s'en suit encore, que, seule, la Compagnie
sera juge du bien fondé de l'exception qu'elle soulève puisque, par le seul
fait qu'il lui aura convenu de la soulever, la prescription devra être admise,
sans qu'il soit donné aux intéressés d'en apprécier le fondement. C'est
dire, en d'autres termes, que l'exception de prescription aurait pour effet
de mettre l'intéressé dans l'impossibilité de prouver qu'il n'y a pas prescription.

La déduction, on en conviendra, est quelque peu risquée.

Il reste à examiner la valeur des considérations par lesquelles les
premiers juges ont senti le besoin d'étayer la force probante d'un document qu'ils n'ont, comme nous, du reste, jamais connu que par ouï-dire,
puisque ce document n'a pas figuré aux débats.

Comme présomptions d'invraisemblance de la fausseté de ce document,
le Tribunal indique :

1° « la nécessité de la falsification d'une série d'autres pièces, documents et registres » ;

2° « la nécessité du concours d'un grand nombre de personnes, administrateurs et em-
« ployés de la Compagnie » ;

3° « la nécessité du concours des dépositaires de la liste originale existant dans les archives
« égyptiennes » ;

4° « l'instruction pénale ouverte sur la plainte de Silvan et les constatations faites par
« l'expert Flory comme par le commissaire de police Bernard, qui auraient fait ressortir *les*
« *apparences* de sincérité que présente la liste déposée chez Me Mahot de la Quarantonnais » ;

5° « les indications recueillies dans les registres, papiers et procès-verbaux de la Compa-
« gnie défenderesse ».

---

(1) » La preuve de la qualité de fondateur, est indispensable pour établir le caractère
réel de l'action et l'imprescriptibilité du droit » — (Jugement dont appel).

La plupart de toutes ces prétendues présomptions d'invraisemblance ont déjà trouvé leur réfutation dans les pages qui précèdent; elles se présentent plutôt comme de simples arguments d'impression que comme le résultat d'une critique solidement contrôlée, mais elles ne résistent pas à l'examen et font abstraction, encore et toujours, de faits établis.

Par exemple, « *la nécessité du concours des dépositaires de la liste « originale* »? — Il faut bien croire que ce concours n'était pas chose si impossible, puisque, en fait, cette liste originale a disparu.

Est-il d'ailleurs si difficile, avec les moyens dont disposaient les auteurs de la falsification, de s'assurer le concours d'un fonctionnaire subalterne des archives? On en a vu bien d'autres! L'enjeu en valait la peine, puisque déjà en 1882 F. de Lesseps avait pu écrire dans son livre intitulé « *Les origines du Canal de Suez* » que « chacune des parts entières de fondateur valait un million et plus ». — Or, ce n'était pas une part seulement que l'on visait par la disparition, aussi mystérieuse qu'opportune, de la liste originale.

Par exemple, encore, *la nécessité de la falsification d'une série d'autres pièces, documents et registres* ? — Ici, de même, la chose n'aurait pas été si impossible, puisque, jusqu'en 1869, on n'a trouvé aucune trace d'une exécution quelconque à une délibération du Conseil d'Administration qui remontait cependant à plus de huit ans et qui présupposait la préexistence ou la création d'un registre *ad hoc* qui aurait disparu; la chose n'aurait pas été si impossible, puisque les constatations faites par l'expert Flory, — ces mêmes constatations dont le Tribunal veut faire état, — ont démontré des discordances significatives entre le registre de 1869 et la liste incriminée, et sont venues, (bien involontairement sans doute), apporter la preuve flagrante d'irrégularités fâcheuses au sujet du remplacement de certains fondateurs inscrits sur la liste de 1861; la chose enfin n'aurait pas été si impossible puisque *pas un seul* des procès-verbaux des Conseils d'Administration tenus de 1861 à 1869 ne fait mention de ces remplacements figurant pourtant dans la liste reproduite dans le registre de 1869.

Et que dire de ce *concours nécessaire d'un si grand nombre de person-*

nes, administrateurs, employés de la Compagnie, quoi encore?.... C'est un
véritable dénombrement d'Homère! — Mais, pour quiconque est tant soit
peu au courant de ce qui se passe dans la pratique, et sait à quoi, bien
souvent, se réduit le rôle de chacun dans l'administration des Sociétés
anonymes, cet argument des premiers juges ne pourra manquer de paraître
inspiré par une bonne foi peut-être excessive: l'expérience est malheureusement là! N'est-il pas avéré que, de 1861 à 1869, il a été, dans la Compagnie
de Suez, disposé, à l'insu de tous les Conseils d'Administration qui se sont
succédé, de nombre de parts de fondateurs qui, par suite du refus des
attributaires originaires, étaient restées sans titulaires? (1)

*Les indications recueillies dans les registres, papiers et procès-verbaux
de la Compagnie?* Recueillies où, quand, par qui? de quelles indications le
Tribunal entend-il parler ici? si c'est de celles de l'expert Flory, nous
sommes fixés. — La Compagnie aurait-elle, par hasard, produit en première instance, des registres, papiers ou procès-verbaux que nous n'au-
rions pas vus? ou faut-il croire à une simple supposition des premiers
juges?

Quoi encore? l'instruction pénale ouverte en France sur la plainte
Silvan, et les constatations, faites au cours de cette instruction, par l'expert Flory et par le commissaire de police Bernard? Nous avons déjà fait
observer que, ces procédures et ces constatations, constituant au regard des
héritiers de Brück, qui y ont été absolument étrangers, de simples « res
inter alios », le Tribunal n'avait pas à en faire état, à un titre quelconque,
au procès actuel. C'est là une vérité légale qui n'a pas besoin d'être
démontrée.

Dira-t-on qu'il s'agit ici d'actes émanant de l'autorité judiciaire pénale
dans l'exercice de l'action publique? A cela il nous suffira de répondre par
la jurisprudence constante de la Cour mixte, nettement résumée dans le
considérant suivant d'un arrêt du 19 Juin 1889 : (2)

---

(1) V. Rapport Flory.
(2) B. L. J. E., 315-317.

« Attendu que vainement X. pour se disculper de l'imputation d'incendie volontaire, in-
« voquerait la chose jugée résultant en sa faveur de l'ordonnance de non lieu rendue par la
« Chambre de Conseil de la Cour d'appel d'Athènes le . . . .

« Qu'en premier lieu, cette décision émane d'une juridiction qui est étrangère au regard
« de la juridiction des Tribunaux mixtes de la Réforme.

« Qu'ensuite, de pareilles ordonnances qui n'apprécient les faits qu'au point de vue de la
« poursuite criminelle, et qui, en arrêtant cette poursuite, ne statuent pas sur ces faits et d'une
« manière définitive, ne sauraient, dans le cas même où elles émaneraient d'une autorité judi-
« ciaire dépendant d'un même ordre de juridiction, jouir, au civil, de l'autorité de la chose ju-
« gée, mettant obstacle aux Tribunaux Civils d'apprécier souverainement les faits sur lesquels
« ils sont appelés à statuer, dans les limites de leur compétence ».

Et cet autre arrêt du 19 Novembre 1891 :

« En cas d'incendie d'un local assuré, la déclaration de non-culpabilité prononcée *par la
« juridiction criminelle* en faveur de l'assuré inculpé d'incendie volontaire, ne fait pas obstacle
« à ce que, sur l'action intentée contre la Compagnie d'assurances à fin d'indemnité, le juge civil
« ne puise, dans les circonstances de la cause et dans l'instruction criminelle, la preuve que
« l'assuré a, lui-même, provoqué et occasionné l'incendie » (1).

Ainsi, non seulement l'instruction Silvan et les constatations et décisions auxquelles elle a pu donner lieu ne sont pas opposables aux héritiers
de Brück, qui n'y étaient pas parties ; — non seulement, la Compagnie fût-
elle même en mesure de rapporter un verdict de non-culpabilité prononcé
par un Tribunal de jugement étranger, ce verdict ne saurait avoir d'effet
dans l'instance actuelle ; — non seulement ce verdict, émanerait-il d'une
autorité judiciaire pénale dépendant du même ordre de juridiction, ne
mettrait pas obstacle à l'appréciation *ex-novo* des faits par les Tribunaux civils ; — mais le juge civil, s'il n'a pas à faire état de ces instructions
contre la partie qui n'y figurait pas, peut y puiser des éléments contre celle
qui en était l'objet.

L'instruction pénale suivie sur la plainte de Silvan s'est, au surplus,
réduite aux constatations confiées à l'expert Flory et au commissaire de
police Bernard. Or, nous savons déjà à quoi nous en tenir sur ces constatations. Les appréciations personnelles de ces deux Messieurs, nous importent

(1) B. L. J. E., 4, 11.

fort peu ; elles ne sauraient, évidemment, équivaloir à celles du magistrat lui-même, *puisées aux sources directes*, et, résultant de son *propre* examen *de visu*, après débat *contradictoire ;* il est constant, en effet, que le juge d'instruction n'a pas *vu* lui-même, ni, encore moins, soumis au contrôle du plaignant, les pièces que celui-ci incriminait comme fausses ; il s'en est rapporté à l'impression d'autrui, et, par suite, son ordonnance de non-lieu, simple reflet de cette impression, ne saurait constituer pas même un préjugé quelconque, sur la sincérité de ces pièces, surtout au regard des tiers, et de tiers non français, devant une juridiction étrangère.

Mais, si nous n'avons pas à tenir compte des rapports Flory et Bernard, en tant qu'ils traduisent leur opinion personnelle, nous avons le droit de retenir les constatations matérielles qui y sont consignées. Ces constatations nous ont déjà suggéré, au cours du présent mémoire, toute une série de déductions, sur lesquelles il serait oiseux de revenir, et qui amènent à une conviction diamétralement contraire à celle exprimée par ces honorables auxiliaires de justice.

M. Bernard, du reste, — et on peut s'en convaincre en lisant son rapport, — n'a soumis à aucune expertise quelconque le document qui lui était présenté ; en homme prudent, il s'est borné à des généralités ; or, rien ne ressemble plus, en apparence, à une pièce vraie qu'une pièce falsifiée, et point n'est besoin d'être grand clerc pour comprendre qu'un faux comportant des intérêts moraux et pécuniaires aussi considérables, et pouvant entraîner des conséquences aussi graves à tous égards, n'a pas dû certainement être l'œuvre d'un novice.

§

Un dernier ordre d'idées que les premiers juges se sont bornés à effleurer et qui, s'il n'était éclairci, pourrait être une nouvelle source de malentendus :

« On pourrait, dit le Tribunal, se poser la question de savoir si la part revenant à feu le « Baron de Brück n'a pas été, depuis plus de 15 ans, aliénée et transférée à d'autres, par la « Compagnie *dépositaire* (1) et si partant l'action qui appartient de ce chef aux demandeurs « n'est plus une action réelle mais simplement une action personnelle en responsabilité et en « dommages-intérêts prescriptible celle-là, aux termes des articles 268, 272 du Code Civil « mixte (Laurent, t. 32, Nº 310). »

Ce qui signifie que la Compagnie, dépositaire des titres de fondateur, nominatifs ou au porteur, ayant appartenu au Baron de Brück, n'aurait jamais pu, étant donné le caractère précaire de sa possession, opposer la prescription à l'action réelle que les héritiers de celui-ci auraient été autorisés à intenter contre elle, en revendication de ces mêmes titres; mais, par le fait qu'elle les aurait aliénés, l'action réelle, imprescriptible, se serait trouvée convertie en une simple action personnelle, prescriptible et prescrite.

Nous ne discuterons pas ici la valeur de cette théorie au point de vue des principes, et nous concéderons volontiers qu'elle est rigoureusement juridique.

Mais est-elle applicable à l'espèce ?

En cela encore, les premiers juges se sont laissé abuser par une pure équivoque :

(1) Cette qualité de dépositaire, la Compagnie la conteste : elle est pourtant bien établie par sa lettre du 6 Novembre 1860 susrelatée, (page 50, note): « La Compagnie », y est-il écrit en toutes lettres, « déposera dans ses caisses (les certificats nominatifs qui, pour un motif quelconque, n'auraient pas été retirés par les parties) et les tiendra à la disposition des titulaires ».

N'eût-elle pas assumé expressément cette qualité de dépositaire, le dépôt se trouvait constitué par le fait même du non retrait des titres par les ayants-droit.

Et d'abord, la Compagnie alléguait-elle, aurait-elle pu alléguer, qu'elle avait, à un moment quelconque, aliéné la part du Baron de Brück?...

Et si elle l'avait allégué, ne lui eût-il pas incombé d'indiquer comment, quand, à qui? Au point de vue même envisagé par le Tribunal, il était, et il est, d'un intérêt primordial d'être fixé à cet égard, puisque la substitution de l'action personnelle, *prescriptible*, à l'action réelle, *imprescriptible*, est essentiellement subordonnée à l'établissement de ces divers points. Pour déterminer le point de départ de la prescription invoquée par le dépositaire qui prétend avoir aliéné la chose déposée entre ses mains, il faut bien savoir à *quel moment* il l'a aliénée, puisque ce n'est qu'à partir de ce moment que la prescription, inadmissible jusque là, a pu courir. Il serait par trop facile pour lui d'éluder l'imprescriptibilité, qui est la conséquence de la précarité de son titre, s'il lui était permis de se retrancher derrière la simple allégation générique qu'il n'est plus en possession de la chose déposée, parce qu'il l'aurait aliénée.

Et d'autre part, l'action en revendication étant en tout cas ouverte contre le tiers-acquéreur tant que celui-ci n'a pas prescrit, (LAURENT, loc. cit.), il faut bien que le nom de ce tiers et la date de sa prétendue acquisition soient précisés.

La question que se posait le Tribunal n'avait donc, en tout cas, qu'un intérêt purement académique, les éléments de fait, qui auraient été indispensables pour la résoudre, faisant absolument défaut. D'ailleurs, il est à peine besoin d'observer que l'action dont se trouvaient saisis les premiers juges n'était nullement une action prenant sa source *dans une indue aliénation de dépôt*, ni même une action tendant à *la restitution d'un dépôt*: ce que les héritiers de Brück demandent, c'est — non pas la délivrance de tels ou tels titres déterminés, portant un numéro d'ordre, et devant exister en souffrance dans les caisses de la Compagnie, — c'est la constatation et la proclamation d'une qualité de fondateur, imprescriptible par elle-même, et existant indépendamment de toute matérialité de titres.

Car il ne faut pas se le dissimuler, tout le malentendu vient de là : on est fondateur d'une Société *parce qu'on l'est*, et non pas parce que l'on se trouvera nanti d'un morceau de papier qui n'est, par lui-même, qu'un simple moyen de preuve. — Autre chose est le droit, autre chose est le document qui sert à constater ce droit; la matérialité du titre a si peu d'importance à ce point de vue, que, suivant la loi, « la propriété des actions peut être établie par une inscription dans les registres de la Société » (1). Les titres représentatifs de la qualité d'associé auront été perdus, volés, aliénés par des tiers : la qualité d'associé avec les droits qu'elle confère, n'en subsiste pas moins — et cette qualité, il est difficile de concevoir comment on pourrait la perdre par voie de prescription.

Il y a plus:

Dans ses rapports avec les fondateurs, la Compagnie n'est pas seulement un simple dépositaire : le fondateur est, nous l'avons dit, un *communiste*, un *copropriétaire indivis* du fond social (2). Or, le communiste qui détient la chose indivise pour compte commun n'est pas un possesseur à titre précaire, comme le fermier, le dépositaire, le créancier gagiste, l'usufruitier etc.; et cela par la raison bien simple qu'il possède comme co-propriétaire, ce qui est précisément l'opposé de la possession à titre précaire. Si la prescription ne court pas entre communistes tant que dure l'indivision, ce n'est pas en vertu du principe de la précarité de la possession, c'est par l'effet du caractère équivoque de cette possession (article 102 du Code Civil mixte — article 2229 du Code Civil français).

Cette considération fait encore mieux ressortir l'inapplicabilité d'une théorie qui, basée exclusivement sur l'idée de dépôt, n'envisage qu'un seul côté d'une situation beaucoup plus complexe, elle exclut la possibilité de substituer à l'action réelle imprescriptible, une simple action personnelle en responsabilité et en dommages-intérêts, prescriptible et prescrite.

---

(1) On sait que l'inscription du Baron de Brück dans les registres de la Société de Suez, pour 10 parts (une part entière) de fondateur, était déjà un fait accompli depuis le 24 Septembre 1858.

(2) Article 18 des Statuts : — Chaque action donne droit à un part proportionnelle dans l'actif social.

Article 70 : — *Omissis....* **Dans tous les cas**, les prescriptions des articles 17, **18**, 19 et 21 ci-dessus, concernant les actions, sont applicables aux titres des fondateurs.... etc.

On objectera sans doute que le communiste peut, dans certains cas, prescrire : oui, mais, comme l'a très bien posé la Cour de Dijon dans un arrêt du 9 Août 1867, cité par LAURENT (loc. cit. N° 292), pour cela « il faut « de la part du communiste qui prétend acquérir à titre privatif, des actes extérieurs et contra- « dictoires, *aggressifs* et persévérants, qui, par une manifestation non équivoque, mettent « l'associé en demeure de défendre son droit ; autrement il est censé représenter la communauté « et jouir en vertu de son titre aussi bien pour elle que pour lui-même ».

Cet arrêt comporte la solution de la question qui nous occupe en ce moment, puisque la Compagnie n'est pas en mesure d'établir que jamais elle ait fait un acte quelconque à l'encontre de feu le Baron de Brück ou de ses héritiers, par lequel elle aurait manifesté *contradictoirement* son intention de les exclure de la copropriété du fonds social et les aurait mis en demeure de défendre leur droit menacé ; pas plus qu'elle n'est en mesure d'établir que jamais elle aurait aliéné une part quelconque de fondateur.

§

La situation juridique se trouvant ainsi définie, peut-il suffire à la Compagnie de venir simplement arguer du fait qu'il n'existerait actuelle- ment aucun titre de membre fondateur en souffrance dans ses caisses, pour que, sur la foi de cette seule affirmation, l'action des héritiers de Brück doive être déclarée irrecevable comme prescrite ?

Que la Compagnie ait ou non des titres disponibles, qu'elle ait attri- bué indûment, à de prétendus ayants-droit, les actions représentatives de la qualité de fondateur qui reposait sur la tête du Baron de Brück ; que ces détenteurs aient jusqu'ici perçu les bénéfices attachés à cette qualité, sous forme de coupons payés à leurs échéances respectives, qu'importe, si la qualité de fondateur et d'associé est, par elle-même, exclusive de toute prescription tant que la Société dure, et si, indépendamment des titres,

qui n'en constituent que le *signe* pour ainsi dire, les héritiers établissent et
démontrent, comme ils croient l'avoir fait, que cette qualité, leur auteur
l'avait définitivement acquise, et qu'il n'a pu la perdre n'y ayant jamais re-
noncé, ou ne s'en étant jamais dépouillé volontairement au profit de qui
que ce soit?

Mais, admettons, pour un instant, que la qualité et les droits de l'associé fondateur s'identifient et se confondent avec les titres mêmes qui
n'en sont qu'un des moyens de preuve :

La Compagnie n'a jamais prétendu qu'elle aurait aliéné à un tiers la
part originairement attribuée au Baron de Brück; elle se borne à affirmer
que aucun titre de membre fondateur ne serait actuellement sans propriétaire, et que tous les titres, au nombre de mille, représentatifs des mille
dixièmes de parts, créées d'abord en forme nominative, auraient été réellement délivrés à chacun des ayants-droit respectifs.

Comment prétend-elle le prouver? par « un certificat émanant du Secré-
« taire général de sa comptabilité générale et de ses finances », certificat portant la date du 22 Mars 1898, et duquel il résulterait : qu'au 28 Février 1898,
il ne restait à payer sur les coupons de parts de fondateur que « six cou-
« pons d'une importance de fr. 150,13, échéance 1er Juillet 1893, et six
« coupons valant fr. 37,15, échéance du 1er Janvier 1894 ».

Et prenant pour base ce certificat, *qu'elle se délivre à elle-même*, elle
veut en faire induire que la totalité des titres de parts de fondateurs ont
été régulièrement émis par elle et se trouvent sur le marché entre les
mains des attributaires ou de leurs ayants-cause, puisque la totalité de coupons afférents à ces titres auraient été, chaque année, jusqu'aux échéances
de Juillet 1893 et Janvier 1894, présentés à ses guichets, sauf six, peut-être
détruits ou perdus accidentellement.

A qui voudrait-on en faire accroire? il faut décidément supposer aux
gens une certaine dose de naïveté pour penser que l'on puisse les éconduire
aussi cavalièrement.

Si les mille titres ou mille dixièmes de parts de fondateur, (convertis actuellement en cent mille titres représentatifs de ces parts), étaient demeurés jusqu'à ce jour, comme ils l'étaient de 1859 à 1868, sous forme de certificats nominatifs, la démonstration pourrait paraître plausible. Mais, en Décembre 1868, une délibération du Conseil d'Administration avait décidé la conversion des mille certificats nominatifs originaires en mille nouveaux titres au porteur, et ce n'a été qu'en 1875 que les parts de fondateur ont commencé à donner des dividendes.

Or, nous savons déjà qu'un certain nombre de parts nominatives originaires étaient restées vacantes, et que l'on ne trouve, dans les procès-verbaux des Conseils d'Administration, aucune trace des prétendus remplacements, dont ces mêmes parts auraient été l'objet (confrontez: Rapport Flory et procès-verbaux).

Il a donc été parfaitement possible à la Compagnie, (ou pour mieux dire à Mr. F. de Lesseps), de détacher, en 1875, et depuis cette époque, chaque année, tous les coupons afférents à ceux de ces mille titres au porteur que l'on avait décidé de s'approprier, et de les faire présenter régulièrement et à chaque échéance aux guichets de la Société par une maison de banque ou un intermédiaire quelconque. Des titres au porteur et les coupons afférents à ces titres sont, en effet, par leur forme même, entièrement anonymes et le premier venu peut en demander le paiement.

§

Notre tâche est ici terminée ; il ne reste plus qu'à résumer le débat et à en tirer la conclusion :

Les héritiers de Brück établissent, par des actes probants et décisifs, la qualité de membre fondateur de la Compagnie de Suez qui, dès le début, a reposé sur la tête de leur auteur, et qui, acceptée par lui, maintenue pendant toute la période des travaux préparatoires de l'Entreprise, est entrée définitivement dans son patrimoine par le fait même de la constitution de la Société ;

Cette qualité ne lui a pas été — et n'aurait plus, du reste, après le 20 Décembre 1858 — pu lui être retirée, ni par S. A. le Vice-Roi, ni par F. de Lesseps, ni encore moins par la Compagnie, substituée à toutes les obligations et les charges antérieurement contractées par les deux promoteurs ;

Imprescriptible par sa nature, elle n'a pu être perdue par le seul effet du temps écoulé ;

On vient alléguer que les déclarations et les reconnaissances, attributives de cette qualité et des droits y inhérents, seraient mises en échec par un acte subséquent qui n'est pas produit et que l'on refuse de produire : la non-production de ce prétendu acte, par celui qui l'invoque comme base essentielle de son exception, entraîne *de plano* le rejet de l'exception même, en vertu du principe *"probare debet qui dicit"*; fût-il même produit, il devrait être écarté des débats, comme n'étant que le résultat d'un faux, établi, dès maintenant et indépendamment de toute vérification contradictoire, par tous les éléments constants de la cause ; à établir, le cas échéant, par les moyens expressément articulés.

Le rejet de ce prétendu document, pour un des motifs ci-dessus — (non production, proclamation de sa fausseté) — laisse subsister la qualité de fondateur qu'assuraient au défunt Baron de Brück, et assurent à ses héritiers, les affirmations formelles et inconditionnées, émanant de celui qui, seul, avait, jusqu'au 20 Décembre 1858, mandat pour exprimer la volonté du Souverain à cet égard, — affirmations qui, consacrant un fait accompli, et déjà ratifié par ce dernier, sont incompatibles avec toute idée de simples promesses ou d'engagements de faire subordonnés à une appro bation ultérieure.

§

Tel est cet important procès, dont l'opinion publique se préoccupe à bon droit.

Quant à la moralité qui s'en dégage, elle est tout entière dans les déclarations suivantes que l'honorable défenseur de la Compagnie apportait, au nom de cette dernière, à la barre des premiers juges du Caire, pour expliquer l'attitude de Mr. F. de Lesseps :

« Le reste était de la brouille ». Cette « brouille », est-il besoin de le dire? c'était la foi donnée; c'étaient les engagements contractés ; c'étaient les assurances de la volonté exprimée par le Souverain et exécutée en son nom par le mandataire; c'étaient les droits acquis, les protestations d'amitié et de dévouement, les effusions de reconnaissance pour les services rendus, c'était, en un mot, l'honneur, la droiture et la probité de Mr. de Lesseps. « Le reste, donc, n'était que de la brouille ; mais de Lesseps était assez fin diplomate pour « entretenir par des communications du genre de celle du 9 Août 1855, les sympathies de de Brück « pour le canal et son fondateur, laquelle sympathie était ainsi ménagée en prévision d'un effort « à faire et à obtenir, à l'instant préoccupant de l'émission d'une partie des actions en « Autriche » (1).

(1) Conclusions pour la Compagnie de Suez en 1re instance, page 21.

Ce fin diplomate aurait eu, dans cette circonstance, l'esprit de l'escalier : depuis le 20 Décembre 1858, date de la constitution de la Société, il se trouvait devant le fait accompli ; toute finesse eût été superflue.

En revendiquant pour le Baron de Brück la part légitime que sa collaboration lui assurait dans l'œuvre accomplie, il n'a pas été un seul instant dans notre pensée de diminuer le mérite de l'homme qui a su attacher son nom à une des entreprises les plus considérables du siècle. Le panégyrique de F. de Lesseps n'est plus à faire ; il est et restera le créateur de la Compagnie Universelle du Canal maritime de Suez, et la postérité ratifiera le jugement des contemporains.

Mais on n'est trahi que par les siens : si même F. de Lesseps a été l'homme que tendraient à dépeindre les paroles rapportées ci-dessus, si les sentiments qu'on lui prête ont été les siens, appartenait-il à cette Compagnie, qui est son œuvre, de venir ainsi ternir sa mémoire, au pied de la statue qu'elle vient de lui ériger !

Alexandrie d'Egypte, le 10 Mars 1900.

Par procuration des Héritiers de Brück :

M. COLUCCI, Avocat
Ancien Bâtonnier.

CHEV. A. FATICA
Avocat à la Cour d'Appel Mixte.

ANNEXES

QUELQUES DOCUMENTS PRINCIPAUX

Extraits du Dossier

EXTRAIT DU FIRMAN DE CONCESSION DU 30 NOVEMBRE 1854.

Notre ami Mr. Ferdinand de Lesseps ayant appelé Notre attention sur les avantages qui résulteraient pour l'Egypte de la jonction de la Méditerranée et de la mer Rouge par une voie navigable pour les grands navires, et Nous ayant fait connaître la possibilité de constituer à cet effet une compagnie formée de capitalistes de toutes les nations; Nous avons accueilli les combinaisons qu'il Nous a soumises, et Nous lui concédons par ces présentes pouvoir exclusif de fonder et de diriger une compagnie pour le percement de l'Isthme de Suez ainsi que pour l'exploitation d'un canal entre les deux mers, avec faculté d'entreprendre ou de faire entreprendre tous travaux et constructions, à la charge par la compagnie de donner préalablement toutes indemnités aux particuliers en cas d'expropriation pour cause d'utilité publique; le tout dans les limites et avec les conditions et charges déterminées dans les articles qui suivent:

Omissis.

ART. 8. — Les statuts de la compagnie Nous seront ultérieurement soumis et devront être revêtus de Notre approbation. Les modifications qui pourraient y être introduites plus tard devront également recevoir Notre sanction. *Les dits statuts mentionneront les noms des fondateurs, Nous réservant d'en approuver la liste; cette liste comprendra les personnes dont les travaux, les études, les soins ou les capitaux auront antérieurement contribué à l'exécution de la grande entreprise du canal de Suez.*

Omissis.

EXTRAITS DES STATUTS DE LA COMPAGNIE UNIVERSELLE DU CANAL MARITIME DE SUEZ
du 5 Janvier 1856.

Omissis.

Art. 18. Chaque action donne droit à une part proportionnelle dans la propriété de l'actif social.

Omissis.

ART. 63. Les produits nets ou bénéfices de l'entreprise sont répartis de la manière suivante :

1° 15 % au Gouvernement égyptien ;

2° 10 % aux fondateurs ;

3° 3 % aux administrateurs ;

4° 2 % pour la constitution d'un fonds destiné à pourvoir aux retraites, aux secours, aux indemnités ou gratifications accordées, suivant qu'il y a lieu, par le Conseil, aux employés ;

5° 70 % comme dividende à répartir entre toutes les actions amorties et non amorties indistinctement.

Omissis.

ART. 70. La part attribuée aux fondateurs dans les bénéfices annuels de l'entreprise par le cahier des charges est représentée par des titres spéciaux dont le Conseil détermine le nombre, la nature et la forme.

Dans tous les cas, les prescriptions des articles 17, 18, 19 et 21 ci-dessus, concernant les actions, **sont également applicables aux titres des fondateurs** dont les droits suivent ceux des actionnaires sur la jouissance des terrains faisant partie de la concession.

Omissis.

N. 3.

MINUTE DE LA LETTRE ADRESSÉE PAR LE BARON DE BRÜCK A M. DE LESSEPS
le 20 Mai 1855.

Copie à Arlès Dufour expédiée de Vienne le 21 Mai 1855
avec prière d'en informer Enfantin.

Monsieur,

Je viens d'apprendre avec plaisir par votre lettre du 4 de ce mois, que S. A. le Vice-Roi d'Egypte avait transmis aux conseillers de S. M. I. le Sultan, les explications qu'il réclamait pour ratifier le projet de communication des deux mers. Maintenant, j'espère que, le terrain ayant été convenablement préparé à Constantinople, la ratification ne tardera pas à suivre.

Je serai charmé de vous revoir à votre retour en Europe, à Vienne, pour causer avec vous préalablement sur les moyens les plus convenables pour former la grande Société universelle d'exécution, et Mr. de Negrelli est disposé à vous suivre à Paris, où les membres de la Société d'Etudes ont concerté de se réunir à votre retour d'Egypte.

C'est avec une intime satisfaction que je viens d'apprendre que S. A. m'a fait inscrire ainsi que Mr. de Negrelli aussi en Egypte, parmi les membres fondateurs de la grande entreprise, comme ils sont aussi membres fondateurs de la Société d'Etudes, et j'espère que S. A. aura aussi la même bonté pour les autres membres fondateurs de la dite Société.

Relativement à la ligne du Canal de navigation maritime, je partage entièrement votre opinion, c'est-à-dire que je crois fermement que le grand but ne sera atteint que par le percement de l'Isthme de Suez, et non pas en traversant l'Egypte et le Nil. Vous pouvez toujours compter sur mon empressement à soutenir la grande entreprise dans ces termes et conditions.

Je viens de communiquer à Mr. de Negrelli, qui se trouve à présent à

Vienne, le contenu de votre lettre, et il se réjouit avec moi de recevoir l'avant projet et les plans des Ingénieurs de S.A. le Vice-Roi.

Du reste, je me réserve de vous indiquer les personnes qui pourront le plus convenablement représenter la Compagnie Universelle du Canal Maritime de Suez, à Vienne, à Trieste et à Venise, au moment de votre passage à Vienne. Je crois, que dans l'intérêt de la grande entreprise il faut y penser sérieusement, parce que la bonne réussite dépend principalement du choix des personnes, soit pour le protectorat, soit pour la direction et l'appui en général des affaires. Il faut pourtant tâcher d'y parvenir avec le plus de précautions possible et tâcher d'éviter la jalousie des personnes influentes.

Et sur ce propos je dois vous avertir en confidence, que le Prince de Metternich s'occupait depuis plus de 30 ans de la question de Suez, toujours en favorisant la réussite, et que dès à présent même il s'occupe d'un intéressant mémoire destiné à éclaircir tout ce qui eut lieu là-dessus depuis 1821.

De mon côté j'avais l'intention de proposer aux conférences de Vienne d'introduire aussi la question de Suez dans les traités, et de la faire déclarer ainsi sous la protection de toutes les puissances, ce qui arrivera certainement au moment où les conférences seront reprises.

Agréez, Mr. le Chevalier, l'expression de mon estime la plus distinguée.

N. 4.

NOTE POUR MR. LE CHEV. DE REVOLTELLA

COMPAGNIE UNIVERSELLE DU CANAL MARITIME DE SUEZ

S.E. Mr. le Baron de Brück a été prié de la part de S.A. le Vice-Roi d'Egypte, de désigner le banquier à Vienne qui s'entendra avec Mr. le Chev. Revoltella sur le moment qui sera jugé le plus opportun pour l'ouverture de la souscription en Autriche: le Banquier de la Compagnie à Vienne sera l'un des administrateurs. Ainsi le Conseil d'Administration *comptera cinq membres pour l'Autriche: S.E. Mr. le Baron de Brück*, qui a bien voulu accepter l'une des trois vice-Présidences, Mr. Revoltella, le banquier qui sera désigné à Vienne et le Baron James de Rothschild.

Ce qui formera plus que la proportion avec le capital de 20 à 25 millions de francs, maximum qui pourra être réservé à l'Autriche et à la Lombardo-Vénétie.

S.A. le Vice-Roi d'Egypte a en outre fait mettre à la disposition de S. E. le Baron de Brück, pour les distribuer en Autriche, trois parts de membres fondateurs, divisibles chacune d'elles en dix fractions.

Il sera versé 500 francs par chaque dixième de part chez Mr. Revoltella qui est autorisé à délivrer les titres provisoires de membres fondateurs conformément au modèle qui lui a été remis.

Ces parts sont indépendantes de celles qui ont été antérieurement réservées à Mrs. le Baron de Brück, Chev. de Negrelli et Chev. Revoltella.

Ces Messieurs voudront bien s'entendre pour choisir les banquiers correspondants à Milan et à Venise.

Vienne, 2 Mars 1856.

(signé) FERD. DE LESSEPS

N. 5.

F. DE LESSEPS A M. DE NEGRELLI.

Paris, 9 rue Richepance,
24 Septembre 1858.

Mon cher ami,

Je ne vous ai pas écrit depuis longtemps.

Après mon retour à Paris, je me suis occupé à peu près exclusivement de l'établissement des agences de la Compagnie à l'étranger et en France, ainsi que du soin de régulariser toutes les souscriptions particulières qui m'avaient été adressées à Paris et dont le total s'élève déjà à 80 millions de francs ; je ne serai même pas étonné que cette somme fût doublée d'ici à une quinzaine de jours seulement par les demandes françaises.

Les adversaires de notre entreprise, les fidèles alliés d'Outre-Manche, ont déjà perdu leurs deux premières campagnes concernant la prétendue impossibilité d'exécution du Canal et la prétendue hostilité de la Porte. Tous leurs efforts tendent dans ce moment à détourner de l'entreprise les capitaux de leur pays, parce que, dans leur orgueil stupide et dans leur ignorance insulaire, ils croient que leur abstention entraînerait celle des autres nations. Nous sommes en train dans ce moment de détruire leurs dernières illusions.

J'ai écrit à Mr. Eschutten pour le désigner comme agent correspondant de l'Entreprise du Canal de Suez à Zurich et je n'ai pas manqué de le noter pour ses 400 actions.

Je vous réserve deux nominations en blanc pour des agents correspondants à Milan et à Vérone ; vous me direz ceux que vous aurez désignés et vous leur donnerez vos instructions.

J'ai fixé au 15 Novembre la réunion du premier Conseil d'administration ; les circulaires de convocation seront adressées aux administrateurs et aux membres de la Commission Internationale dans le courant du mois prochain.

M. Revoltella ne m'a pas encore répondu au sujet d'une demande que je l'avais prié de faire au **Baron de Brück** dont je désirais rattacher le **nom à la réunion du 1er Conseil d'administration.** J'ai beaucoup réfléchi à la situation qu'il pourrait y avoir, et, comme sa position officielle ne lui permettrait pas évidemment un titre actif, **proposez-lui d'être Président Honoraire de la Compagnie Universelle.**

Mr. Revoltella ne m'a pas dit non plus si les chefs des maisons Sina, Eskelès et Rothschild de Vienne seraient disposés à être administrateurs de la Compagnie pour l'Autriche.

S'ils le désirent vous pourriez distribuer ainsi les trente actions de membres fondateurs que j'avais laissées dans le temps à la disposition du Baron de Brück et à la vôtre.

Ces parts primitives comprennent chacune 10 actions de fondateurs

Maison Sina 5
Maison Eskelès 5
Maison Rothschild 5
Sellier de Leipsick 5
Dufour de Leipsick 5
Chevalier de Réali à Venise 5

Actions laissées à votre disposition Total . . . 30

De plus, vous êtes inscrit sur le registre des fondateurs pour 10 actions de fondation, le Baron de Brück pour 10 également et le Chevalier Revoltella pour 5.

En tout 55 Actions de fondation pour l'Autriche.

J'ai écrit à Mrs. Dufour-Féronce et à Mr. Sellier de Leipsick afin de les nommer administrateurs de la Compagnie pour une partie de l'Allemagne et des Etats du nord de l'Europe ; je les ai priés de désigner des agents parmi leurs correspondants en Suède, en Danemarck, dans les villes anséatiques, en Prusse, en Bavière, à Francfort etc. Je les autorise à accepter pour tous ces pays des demandes d'actions jusqu'à concurrence de Dix millions de francs.

Quant à la question politique, l'Empereur est tout à fait d'avis de la subordonner à l'organisation de la Compagnie qui présentera un corps suffisant contre lequel probablement l'opposition n'aura point de prise et dont les gouvernements du Continent seront alors autorisés à protéger la marche, s'il avait besoin d'être défendu. Ceci me paraît fort sage et se trouve d'ailleurs conforme à l'opinion que j'ai toujours eue sur l'intervention des gouvernements qui devait suivre et non précéder le commencement d'exécution d'une entreprise commerciale et industrielle.

Passage confidentiel.

Omissis.

L'essentiel c'est que je suis assuré que l'action de mon gouvernement ne me manquera pas le jour où elle sera nécessaire, et dès à présent, outre les conseils que l'ambassadeur de France à Constantinople a été chargé de donner à la Porte, en faveur de l'entreprise, le Conte Walewski a déclaré à Fuad Pacha, avant son départ pour Londres, que l'Empereur s'intéressait particulièrement à l'entreprise du Canal de Suez, qu'il avait le désir de voir le Sultan donner dans cette circonstance une preuve d'initiative et d'indépendance, et que la conduite observée jusqu'à présent par la Turquie dans cette affaire constituait en définitive un grief de la France envers elle.

La réponse ministérielle à la dépêche de Mr. Thouvenel qui accompagnait mes notes adressées à lui et à Mr. Bulwer, a été la confirmation des précédentes instructions en faveur du Canal, l'invitation de profiter de l'argument de Djeddah pour démontrer l'intérêt de la Turquie et l'assurance de l'appui officiel lorsque le mouvement de l'opinion publique et la constitution de la Compagnie auront justifié l'intervention des gouvernements.

J'ai trouvé, à mon retour à Paris, Madame Delamalle dans un déplorable état de santé, mais son énergie et son courage la soutiennent encore.

Je suis toujours dans la plus grande inquiétude sur le résultat de cette cruelle maladie.

Je vous renouvelle, mon cher ami, l'expression de mes sentiments les plus affectueux et dévoués.

(Signé) FERD. DE LESSEPS.

N. 6.

COMPAGNIE UNIVERSELLE DU CANAL MARITIME DE SUEZ

CONSEIL D'ADMINISTRATION

Séance du 20 Décembre 1858.

Extrait du Procès-verbal N° 1

DÉCISION.

LE CONSEIL D'ADMINISTRATION,

Vu les art. 4 et 77 des Statuts;

Sur l'exposé qui vient de lui être fait par le Président du Conseil;

Vu l'acte reçu par Mr. Mocquard et son collègue, notaires à Paris, le 15 Décembre courant;

Reconnaît la Compagnie Universelle du Canal Maritime de Suez définitivement constituée et, par ce fait, substituée à **Mr. Ferdinand de Lesseps.**

Se déclare installé ainsi que le Comité de Direction.

Le Président:
(Signé) FERD. DE LESSEPS.

Certifié conforme.

Le Secrétaire-Général,

S. MERRUAU.

COMPAGNIE UNIVERSELLE
DU
CANAL MARITIME DE SUEZ

SECRÉTARIAT GÉNÉRAL

Extrait du Procès-Verbal
N. 5.

N. 7.

CONSEIL D'ADMINISTRATION

Séance du 12 Février 1859.

PRÉSIDENCE DE M. FERD. DE LESSEPS.

Sont présents :

M.M. le Duc d'Albufera, vice-Président

Alvarès d'Andrad

L. Arman

de Chancel

Corbin de Mongoux

G. Couturier

V. Delamalle

Flury Hérard

le Cte de Galbert

d'Hoffschmidt

de Lagan

D. A. Lange

Lefebvre

J. de Lesseps

de Pontoi-Poncarré

Préfontaine

A. Quesnel

S. Randving

A. Renée

E. Ruffio

Tirlet

Omissis.

M. le Vice-Président expose ensuite qu'il y a lieu de prendre une dé-
termination relative à la création des actions de fondateurs.

Il s'agit de 1000 titres qui seront remis à un certain nombre de per-
sonnes nominativement. Il sera tenu un registre spécial des ces actions qui
ne jouiront d'avantages que le jour où le Canal donnera des bénéfices. Elles
auront droit à 10 % dans le dividende général.

Mr. le Président explique que ces 10 % équivaudront au 1/7 du divi-
dende. Chaque millième donnera 57 actions de jouissance.

LE CONSEIL D'ADMINISTRATION,

Sur la proposition de M. le Président, d'accord avec son Altesse
le Vice-Roi d'Egypte,

Vu l'article 19 de l'acte de concession ;

Vu l'article 70 des Statuts,

Vu l'article 5 des Statuts, ensemble sa déclaration de constitution **et**
de substitution *du 20 Décembre 1858 ;*

DÉCIDE :

Il sera créé 1000 certificats nominatifs représentant une part d'un mil-
lième dans les 10 % attribués sur les produits nets annuels aux Membres
fondateurs de l'Entreprise du percement par l'article 19 de l'acte de conces-
sion. Ces titres spéciaux destinés à représenter les droits des membres fon-
dateurs seront, pour le nombre, la nature et la forme, analogues aux titres
qui représentent les droits des Actionnaires.

Le Comité de Direction est autorisé à rembourser leurs avances
aux Membres Fondateurs.

N. 8.

EXTRAIT.

COMPAGNIE UNIVERSELLE
DU
CANAL MARITIME DE SUEZ
———
N° 2417

Paris, le 6 Novembre 1860.

A MONSIEUR LE CHEVALIER DE REVOLTELLA,

Correspondant de la Compagnie Universelle
du Canal Maritime de Suez
à Trieste — Autriche.

Omissis.

En ce qui touche votre Compte de Titres, nous vous prions, Monsieur, de nous retourner tous ceux qui sont entre vos mains, **Certificats nominatifs** ou Actions au porteur qui, par un motif quelconque, n'ont pas été retirés par les parties. **La Compagnie les déposera dans ses Caisses et les tiendra à la disposition des titulaires** qui auront à les faire retirer directement à l'Administration Centrale soit par votre intervention, soit par un tiers.

Omissis.

Agréez, Monsieur, nos salutations les plus empressées.

Le Président,

(signé) FERD. DE LESSEPS.

N. 9.

A S.E. KŒNIG BEY,

Secrétaire des Commandements de S.A. le Vice-Roi.

Alexandrie, 20 Novembre 1860.

Par son décret du 19 Mai 1855, *Son Altesse, sur ma proposition formulée dans mon rapport du 30 Avril précédent,* **a approuvé une première liste de 60 membres fondateurs,** *et m'a laissé le soin de compléter cette liste par l'adjonction des personnes qui m'auraient aidé dans la fondation de l'entreprise.*

Le Conseil d'Administration, agissant conformément aux articles 5 et 70 des Statuts, a arrêté, dans sa séance du 12 Février 1859, que les avances faite par les membres fondateurs, avant la constitution de la Compagnie, leur seraient remboursées et que leurs droits seraient divisés en mille parts représentées par un égal nombre de titres nominatifs.

J'ai l'honneur de vous remettre aujourd'hui la liste **complétée** des membres fondateurs, afin qu'elle reste déposée dans les Archives du cabinet Vice-Royal et que vous puissiez, après avoir pris les ordres de Son Altesse, m'en délivrer une expédition authentique, en vertu de laquelle je serai en mesure de remettre aux intéressés les titres auxquels ils ont droit, par application de l'art. 19 de l'acte de concession du 5 Janvier 1856.

(signé) FERD. DE LESSEPS.

N. 10.

SECRÉTARIAT DES COMMANDEMENTS DE SON ALTESSE LE VICE-ROI D'EGYPTE.
N° 62.

Alexandrie, le 4 Mai 1861.

Monsieur,

Après avoir pris les ordres du Vice-Roi, j'ai l'honneur de vous adresser, sous ce pli, aux fins que de droit, une expédition authentique de la
liste des Membres fondateurs qui se trouve déposée dans les archives du
Cabinet de Son Altesse.

Veuillez agréer, Monsieur, l'assurance de ma haute considération.

Le Secrétaire des Commandements
de Son Altesse le Vice-Roi

(Signé) KOENIG BEY.

Monsieur
Ferdinand de Lesseps
Paris.

N. 11.

CANAL MARITIME
DE SUEZ

AGENCE SUPÉRIEURE
D'EGYPTE

Alexandrie, le 9 Mai 1859.

Excellence,

J'ai l'honneur de vous informer que vous avez été porté sur la liste des membres fondateurs de l'entreprise du percement de l'Isthme de Suez pour dix parts d'un millième chacune dans les 10 % attribués aux fondateurs par l'acte de concession et les statuts, sur les dividendes ou produits nets annuels de l'entreprise.

Dans la séance du 12 Février dernier le Conseil d'Administration de la Compagnie, agissant en vertu de l'article 70 des Statuts, a décidé que les droits des fondateurs seraient représentés par les certificats nominatifs transmissibles par voie de transfert et que les avances faites par eux, avant la constitution de la Société, leur seraient remboursées.

Je vous prie donc de vouloir bien adresser le plus tôt possible à Mr. l'Administrateur, Agent Supérieur de la Compagnie en Egypte, vos noms et prénoms pour la régularisation de vos titres que Mr. l'Agent Supérieur précité vous fera tenir aussitôt qu'ils lui auront été envoyés de Paris.

Vous pourrez, Excellence, vous présenter, **dès ce moment**, aux bureaux de l'Agence Supérieure en Egypte, et le montant des avances que vous avez faites vous sera remboursé sur votre émargement et contre la remise du reçu qui vous a été délivré antérieurement pour la constatation de votre versement, en un bon de 10 jours de vue payable par la Caisse centrale de la Compagnie, Place Vendôme, N° 12, à Paris.

Veuillez agréer, Excellence, l'assurance de ma considération très-distinguée.

Le Président du Conseil d'Administration
de la Compagnie etc.

(signé) FERD. DE LESSEPS.

A S.E. Edhem Pacha,
etc. etc.
au Caire.

Il appert à toute évidence de ce document que dès le 9 Mai 1859, en tous cas, la liste des membres fondateurs était arrêtée et qu'il ne pouvait plus être question d'y revenir.

N. 12.

EXTRAIT D'UNE LETTRE DE M. DE LESSEPS A M. DE REVOLTELLA.

Le Caire, 14 Novembre 1860.

Mon cher et honorable ami,

Omissis.

Je déplore toujours la mort de notre excellent Baron de Brück et je vous avoue que depuis cette perte je ne compte plus sur le concours financier de l'Autriche dont nous servirons les intérêts sans qu'il lui en coûte rien, ainsi que le disait un jour dans votre salon et à son point de vue égoïste, un de vos premiers banquiers de Trieste, dont je ne me rappelle plus le nom.

Au surplus, ainsi que vous l'avez annoncé dès le début, vous devez vous le rappeler, les actionnaires français, qui paient toujours, accompliront avec leurs capitaux la presque totalité de l'entreprise, le Vice-Roi fera le reste et tout le monde en profitera.

Vous ne trouverez pas mauvais, mon cher ami, que j'en veuille à votre gouvernement pour sa conduite envers le Baron de Brück, envers vous et que je n'aie pas une grande confiance en lui.

En ce qui vous concerne, vous n'avez jamais pensé que mes sentiments pour vous aient pu varier d'une ligne.

Je vous regarderai constamment comme un de mes meilleurs et plus fidèles coopérateurs à la grande œuvre du Canal de Suez.

Veuillez ne pas m'oublier auprès de notre ami le Chevalier Geriasi et agréez la nouvelle expression de mes sentiments les plus affectueux et devoués.

(signé) Ferd. de Lesseps.

N. 13.

SÉANCE DU 23 MAI 1861
DU CONSEIL D'ADMINISTRATION DE LA COMPAGNIE DE SUÉZ.

Extrait du procès-verbal N° 149.

N° 115.

LE COMITÉ :

Mr. Kœnig bey, Secrétaire des Commandements de S.A. le Vice-Roi d'Egypte, a adressé à Mr. le Président, aux fins que de droit, une expédition authentique de la liste des membres fondateurs qui se trouve déposée dans les archives du Cabinet de Son Altesse.

LE COMITÉ,

Vu l'expédition authentique de la liste des membres fondateurs de la Compagnie, qui a été adressée à Mr. le Président par Kœnig bey, secrétaire des commandements de S.A. le Vice-Roi,

Décide :

Cette expédition sera enfermée dans la caisse à trois clefs jusqu'à ce que le dépôt soit fait chez le notaire de la compagnie.

Une copie certifiée statutairement sera transmise à la Direction des Titres, qui est invitée à préparer l'envoi des titres et de la lettre définitive à adresser aux membres fondateurs..

Certifié conforme.

Le Secrétaire Général,
(Signature illisible).

N. 14.

Copie conforme.

30 X. 1890.

Monsieur l'Ambassadeur,

Par des lettres en date des 6 Mai et 15 Juillet derniers, vous m'avez exprimé le désir d'obtenir, en vue du règlement d'une succession ouverte à Vienne, des renseignements sur le point de savoir si le Chevalier Louis de Negrelli de Moldelbe avait été inscrit comme membre fondateur de la Compagnie du Canal de Suez lors de la constitution de cette Compagnie.

J'ai l'honneur d'informer Votre Excellence, d'après une communication que j'ai reçue de Mr. le Ministre de la Justice, que Mr. Charles de Lesseps a fourni à Mr. le Procureur de la République près le Tribunal de la Seine, **au nom de la Compagnie du Canal de Suez,** les indications suivantes:

1° Mr. de Negrelli, qui faisait partie de la commission internationale qui a résumé les premiers travaux d'étude du Canal de Suez, **était sur la liste des premiers membres fondateurs de la Compagnie de Suez au moment de sa constitution, en 1858;**

2° Le nombre des parties prenantes ou des membres fondateurs, **au moment de la constitution de la Société en 1858,** était de 166. Il leur a été partagé mille parts de fondateur.

3° Un Sieur de Negrelli a été inscrit personnellement pour cinq parts sur le nombre de mille parts partagées.

Au début, les parts de fondateur avaient été fixées à cent. Plus tard, chaque part a été divisée en dix, ce qui a donné le chiffre de mille parts de fondateur indiquées plus haut.

Mr. Charles de Lesseps a fait savoir, en outre, que les cinq

Son *Excellence*
Monsieur le Comte Hayos,
Ambassadeur d'Autriche-Hongrie,
à Paris.

parts au nom de Mr. de Negrelli (ces cinq parts ne comprenaient, en fait, qu'une demi-part des cent parts de fondateur ou bien une fraction de part) ont été mises en titres au porteur, en 1876, sur la demande de Mr. Charles de Haerdtl, demeurant à Vienne (Autriche), mandataire des héritiers de Negrelli.

Cette opération a été faite après production d'une ordonnance du Tribunal de Vienne, et les titres, convertis en titres au porteur, ont été remis à Mr. Charles de Haerdtl, d'après la déclaration de Mr. Charles de Lesseps.

Agréez les assurances de la très haute considération avec laquelle j'ai l'honneur d'être,

Monsieur l'Ambassadeur,

de Votre Excellence

Le très humble et très-obéissant serviteur

Pour le Ministre des Affaires Etrangères
et par autorisation :

Le Ministre plénipotentiaire,
Directeur des Affaires commerciales et Consulaires,

(signé) CLAVERY

Paris, le 29 Octobre 1890.

N. 15.

CHARLES DE LESSEPS AU COMTE ZICHY.

COMPAGNIE UNIVERSELLE
DU
CANAL MARITIME
DE SUEZ

Administration
Rue Charras, N. 9

Paris, le 6 Janvier 1890.

Monsieur le Conseiller,

J'ai reçu la lettre que vous m'avez fait l'honneur de m'écrire le 26 Décembre dernier pour me faire part du désir exprimé par les enfants du Chevalier de Negrelli de Moldelbe au Ministère Impérial et Royal des Affaires étrangères, d'obtenir une copie du brevet par lequel leur père aurait été nommé membre fondateur du Canal de Suez.

Il n'a pas été délivré de brevet de nomination aux Membres fondateurs.

Les personnes admises à jouir de cette qualité ont reçu les titres établissant leurs droits après la constitution régulière de la Compagnie du Canal de Suez.

M. le Chevalier de Negrelli de Moldelbe étant à cette époque décédé, les titres qui lui revenaient ont été délivrés au *nom de sa succession* et ont été plus tard convertis au porteur sur une demande régulière formée en Février 1876 par M. le Baron Charles de Haerdtl, mandataire des héritiers.

Veuillez agréer, Monsieur le Conseiller, l'assurance de ma haute considération.

Pour le Président,
(signé) Ch. A. DE LESSEPS.

Monsieur le Comte Zichy,
Conseiller de l'Ambassade
d'Autriche-Hongrie,
à Paris.

N. 16.

LETTRE DE S. E. BOUTROS PACHA GHALI,

Ministre des Affaires Etrangères d'Egypte.

Copie.
N° 292

Caire, le 21 Juin 1897.

Monsieur le Baron,

Par votre communication en date du 5 Avril dernier, relative à une action intentée par les héritiers de feu le Baron Brück, Ministre des Finances d'Autriche, contre la Compagnie du Canal de Suez, vous m'avez fait l'honneur de me demander si des listes des membres fondateurs de la dite Compagnie quelconques, notamment des listes du 19 Mai 1855 et du 4 Mai 1861 se trouvaient ou dans les archives du Cabinet de S.A. le Khédive ou du Gouvernement Khédivial, et dans le cas affirmatif de vous en fournir des copies authentiques.

En réponse j'ai l'honneur de vous informer que **malgré les recherches minutieuses auxquelles il a été procédé** tant dans les archives gouvernementales que dans celles de la Maïeh Sanieh, ni une liste des membres fondateurs de la Compagnie du Canal de Suez du 19 Mai 1855, ni une autre datée du 4 Mai 1861, **en fait qu'aucune liste de membres fondateurs quelconque n'a été trouvée,** et que dès lors je me trouve à mon grand regret dans l'impossibilité de vous fournir des copies authentiques des documents en question.

Veuillez agréer, etc.

(Signé) BOUTROS GHALI.

Monsieur le Baron de Heidler Egeregg
Ministre Plénipot. d'Autriche-Hongrie.

Für die authentische Abschrift :
Der K. u. K. Geschaeftstraeger
der K. u. K. Diplomat. Agentie in Cairo.

Cairo, am 27 Juni 1897.

Par devant M⁵ Gustave Frédéric Mahot de la Quérantonnais et son collègue Notaires à Paris, soussignés,

A comparu :

M. Jules Guichard, Chevalier de la Légion d'Honneur, Sénateur du département de l'Yonne, propriétaire, demeurant à Paris, quai De Billy, N° 34,

Agissant au nom et comme Vice-Président du Conseil d'administration de la COMPAGNIE UNIVERSELLE DU CANAL MARITIME DE SUEZ, Société anonyme au capital de deux cent millions de francs, dont le siège est à Alexandrie (Egypte), avec domicile administratif, rue Charras, N° 9 à Paris,

Et comme faisant, en l'absence du Président, fonctions de Président du Comité de direction de ladite Compagnie.

Lequel, conformément aux décisions du Comité de Direction et en sa dite qualité a, par ces présentes, déposé à Mᵉ Mahot de la Quérantonnais, l'un des notaires soussignés, et l'a requis de mettre au rang de ses minutes, à la date de ce jour, pour qu'il en soit délivré tous extraits et expéditions, mais seulement à la Compagnie universelle du Canal Maritime de Suez ou sur la réquisition formelle et expresse du représentant légal de cette compagnie,

Les deux pièces ci-après désignées :

Savoir :

1° — La liste nominative des membres fondateurs de la Compagnie Universelle du Canal Maritime de Suez, écrite sur les trois premiers rôles de deux feuilles de papier non timbré, délivrée à Alexandrie le quatre Mai mil huit cent soixante et un, par Kœnig-Bey, secrétaire des commande-

ments de Son Altesse le Vice-Roi et par lui certifiée conforme à la liste
originale déposée aux archives du cabinet de Son Altesse le Vice-Roi.

2° — Et l'original d'une lettre missive datée d'Alexandrie, le quatre
Mai mil huit cent soixante et un, adressée par le dit Kœnig Bey à Monsieur
Ferdinand de Lesseps et contenant, suivant les ordres de Son Altesse le
Vice-Roi, l'envoi de la pièce ci-dessus désignée, appelée par lui « Expédi-
tion authentique de la liste des membres fondateurs qui se trouve déposée
dans les archives du cabinet de Son Altesse. »

Lesquelles pièces, après avoir été revêtues d'une mention d'annexe
signée par M. Guichard comparant et par les notaires soussignés, sont
demeurées jointes et annexées au présent acte ; avec lequel elles seront
soumises aux formalités de timbre et d'enregistrement.

Dont acte.

Fait et passé à Paris, au siège administratif de la Compagnie universelle du Canal Maritime de Suez, rue de Charras, N° 9,

L'an mil huit cent quatre vingt treize,
Le dix huit Mai.

Et après lecture faite, Monsieur Guichard comparant a signé avec les
notaires.

La minute est signée:

J. GUICHARD, CHAMPETIER DE RIBES et MAHOT DE LA QUÉRANTONNAIS,
ces deux derniers, notaires.

Elle porte la mention suivante :

« Enregistré à Paris, deuxième Bureau des notaires, le vingt-cinq
« Mai mil huit cent quatre vingt treize, folio 99, case 2, reçu trois francs
« soixante quinze centimes, décimes compris.

(Signé) DE FEUILLET ».

Suit la teneur ou l'extrait des pièces annexées.

1re Pièce :

Liste nominative des Membres fondateurs de la Compagnie universelle du Canal Maritime de Suez.

Noms	Prénoms	Nombre de parts de un millième attribué à chaque ayant droit dans les 10 °/₀ réservés aux membres fondateurs sur les bénéfices nets de l'entreprise par l'article 19 de l'acte de concession.

A :

Veuve de Negrelli de Moldelbe   5

           N.

                 Total.   1.000

Pour copie conforme à la liste originale déposée aux archives du cabinet de Son Altesse le Vice Roi.

     Alexandrie, le 4 Mai 1861.

                Le Secrétaire des commandements
                   de Son Altesse le Vice-Roi

                     (Signé) KOENIG BEY.

Cette signature est accompagnée du sceau (*de Kœnig Bey*) (1).

La dite pièce porte les mentions suivantes :

I. — Annexé à la minute d'un acte reçu par les notaires à Paris, sous-signés, le dix huit mai mil huit cent quatre vingt treize, ledit acte consta-

---

(1) Cette liste ne portait pas le sceau du Vice-Roi.

tant le dépôt pour minute par M. Guichard ès dites qualités et également soussigné.

(Signé) J. Guichard.

Champetier de Ribes.

Mahot de la Quérantonnais.

II. — Engistré à Paris, deuxième bureau des notaires, le vingt cinq Mai mil huit cent quatre vingt treize, folio 99, case 2, reçu trois francs soixante quinze centimes, décimes compris.

(Signé) de Feuillet.

La dite pièce porte les mentions suivantes :

I. — Certifié véritable par M. Guichard soussigné et annexé à la minute d'un acte reçu par les notaires à Paris, soussignés, le dix huit Mai mil huit cent quatre vingt treize.

(Signé) J. Guichard.

Champetier de Ribes.

Mahot de la Quérantonnais.

II. — Enregistré à Paris, deuxième bureau des notaires, le vingt-cinq Mai mil huit cent quatre vingt treize, folio 99, case 2, reçu trois francs soixante quinze centimes, décimes compris.

(Signé) de Feuillet.

Pour expédition et extrait.

(signé) Mahot de la Quérantonnais.

N. 18.

EXTRAIT D'UNE LETTRE DE M. WEISS DE STARKENFELD A M. DE REVOLTELLA. _

Kalksburg presso Vienna, 16 Ottobre 1858.

Illustrissimo Signor Cavaliere,

Omissis.

Mi permetto anche, in quest'incontro, d'informare V.S. Illma qualmente ho ritirato fra le carte del mio cognato tutte quelle che concernono l'Ismo di Suez. Non ebbi ancora il tempo di metterle in ordine e specificarle, mi riserbo però di farlo dopo essermi trasportato in città ed in allora avrò l'onore di domandare a V.S. Illma le opportune istruzioni ed a chi si devono consegnarsi.

Resto alla campagna sin al 28, da qual giorno in poi, abito Karlner-strasse, N° 1077 al 4° piano; se V.S. Illma mi ha da communicare qualche sua disposizione relativa a quelle carte, mi sarà un dovere di conformarmivi. Intanto la prego di gradire i sensi della mia più distinta considerazione colla quale mi protesto di lei,

Illustrissimo Signor Cavaliere,

Devotissimo

(firmato) WEISS STARKENFELD.

N° 19.

N. 1075

Telegramm

N. 5275

Aufgegeben in Wien den	1858	12 Uhr 25 Min. N. Mittags
» » Triest »	$^1/_4$	1 Uhr 25 » » »

REVOLTELLA, TRIESTE.

Non far nulla, ne nomina, ne enrolare, Scrivo oggi, ho visto K.

WEISS STARKENFELD.

ARLÈS DUFOUR A MONSIEUR DE NEGRELLI,
Vérone.

Lyon, le 20 Décembre 1854.

Peu de jours après la réception de votre amicale lettre du 27 Nov. les journaux nous ont annoncé le grand événement de la concession de Suez à notre ami et *associé* Mr. Ferdinand de Lesseps, qui vous est certainement connu de réputation.

Le 15 courant j'ai reçu de cet ami copie de tous les documents, *bien en règle*, de cette grande affaire. Je ne vous envois que la copie de la concession, qui est la pièce principale.

De concert avec Mr. Enfantin nous avons décidé qu'avant de faire aucune démarche, et de faire parler les journaux, nous attendrions le retour de M. de Lesseps, qui aura lieu avant fin Janvier. Alors nous aviserons aux moyens les plus convenables d'organiser la Société Universelle. En attendant, nous avons écrit à M. de Lesseps **de se mettre en relation avec Mr. de Brück, qui est dans la meilleure position pour nous aider à obtenir la sanction du Sultan.**

Une fois ce fait accompli, il ne nous restera à solliciter que l'approbation de l'Empereur Napoléon, car celle de l'Autriche est acquise, et le gouvernement anglais laisse faire et laisse passer tout ce qui est du domaine privé. J'espère que l'alliance intime de l'Autriche contribuera beaucoup à abréger la guerre, et qu'avant la fin de 1855 nous compterons la Russie parmi nos associés. Il est cruel et triste de penser que si le Roi de Prusse se fût prononcé énergiquement contre la Russie dès le principe, la guerre n'aurait pas eu lieu, et des milliers d'hommes utiles, Français, Anglais, Russes et Turcs, qui sont morts ou vont mourir inutilement, vivraient encore.

Enfin, Dieu est grand, et nous devons croire que de ces terribles sacrifices il fera sortir quelque bien que nous ne voyons pas aujourd'hui et que nous bénirons plus tard !

Pour nous, bénissons-le de ce qu'il va nous permettre de réaliser l'œuvre glorieusement pacifique que nous pensions avoir étudiée pour nos enfants.

Je retournerai à Paris après les fêtes et j'y serai à vos ordres. Je verrai Mr. de Thubner à qui il sera bon que vous fassiez connaître vous-même ou par vos amis ce que nous avons fait ensemble avec l'assentiment de votre gouvernement pour Suez.

Votre bien dévoué
(signé) ARLÈS DUFOUR.

N. 24.

EXTRAIT D'UNE LETTRE DE M. ENFANTIN A M. DE NEGRELLI.

Lyon, 16 Avril 1855.

Cher et excellent Collègue,

Omissis.

Vous devez comprendre, cher collègue, combien je suis personnellement heureux et sûr de voir S. E. le Baron de Brück décidé à porter l'affaire dans ses conférences, et en présence de la Russie.

Jamais réunion d'hommes aussi éminents que le Prince de Metternich et Mr. le Baron de Brück et Mr. Drouyn de Lhys n'a donné plus de garanties de succès d'une grande question politique.

Jamais aussi situation plus admirablement heureuse que celle de l'Empereur à Londres, pour triompher de ce préjugé arriéré de la vieille politique anglaise contre la communication des deux mers.

J'espère bien que votre ambassadeur à Londres a ses instructions les plus pressantes pour profiter de cette heureuse circonstance, et que Mr. le Baron de Brück a déjà dirigé dans ce sens l'esprit des diplomates Prussiens et Russes, dont le concours peut être fort utile, soit à Londres, soit à Vienne.

Omissis.

(signé) ENFANTIN.

N. 22.

M. ARLÈS A M. FERD. DE LESSEPS (1).

Paris, le 16 Juin 1855.

Mon cher Monsieur,

Mes habitudes de franchise ne me permettent pas de vous laisser ignorer la pénible impression que j'ai éprouvée l'autre jour, presque au moment où vous veniez de vous plaindre de ce que M. Enfantin eut présenté à S.M. l'Empereur un projet d'organisation de la Compagnie universelle du Canal de Suez sur lequel figuraient des noms propres et notamment celui de M. le Prince de la Tour d'Auvergne, en apprenant que vous aviez fait dire au même M. de la Tour d'Auvergne que vous seriez heureux de le comprendre dans l'administration de Suez, et que vous l'engagiez à ne pas se laisser absorber par M. Enfantin.

Cet acte, qui est de la même nature que celui par lequel vous avez cru convenable de chercher à détacher de nous nos anciens associés Messieurs de Brück et Negrelli, avec lesquels je m'étais empressé de vous mettre en rapport, me fait craindre, que vous jugiez mal nos positions respectives et je me dois à moi-même de les bien établir.

Ainsi que je crois vous l'avoir prouvé dans notre conférence de Mardi dernier, et que je pourrais vous le prouver par toutes nos correspondances relatives à Suez, depuis que vos lettres d'Egypte m'ont autorisé de me considérer comme votre associé, j'ai, pendant votre absence, agi comme un fidèle associé.

Après m'avoir poussé à l'action, dans laquelle je suis entré avec plus de réserve que vous ne m'en prescriviez, voulant vous attendre et vous suppliant de revenir pour cela, il vous a plu, votre absence se prolongeant, de blâmer

---

(1) Copie de cette lettre et de celle de Mr. de Lesseps, qui suit, a été expédiée par Arlès Dufour à Mr. de Negrelli (voir Doc. N° 24).

l'action par vos lettres à des tiers et, entre autres à M. de Brück, ainsi que par un silence de trois mois vis-à-vis de moi, votre associé ou tout au moins votre délégué, votre correspondant intime, que vous appeliez votre successeur.

Depuis votre retour, vos démarches et vos paroles en donnant à croire que j'avais faussé vos instructions et cherché à amoindrir votre position pendant votre absence, expliqueraient, justifieraient votre conduite actuelle envers moi aux yeux des personnes de tout rang et de tous pays, que j'ai entretenues de Suez, dans l'intérêt de l'œuvre, et dans le vôtre, que je considérais aussi comme le mien.

Cette position je ne l'accepte pas.

En vous rendant votre liberté à mon égard, je n'ai ni offert, ni surtout reçu la démission de mes espérances personnelles au sujet de Suez, j'ai repris ma liberté d'action en déplorant sincèrement les sentiments qui vous portent à tenter de briser le faisceau déjà formé si péniblement et avec tant de dévouement, dans ce but humanitaire pour lequel toute personnalité ne devrait chercher qu'à réunir le plus de force possible.

Puisque vous ne voulez pas que nous continuions ensemble à *votre* affaire, vous jugerez, je pense, d'autant plus convenable de ne pas intervenir dans les *miennes*, ni auprès des personnes qui s'en occupent avec moi.

Je suis certain, que vous me connaissez assez pour être convaincu que c'est avec une profonde tristesse que je vois se rompre des relations que je croyais aussi sérieuses que le noble but qui les avait cimentées.

Agréez, mon cher Monsieur, l'assurance de ma considération la plus distinguée.

(Signé) Arlès Dufour.

N. 23.

M. FERD. DE LESSEPS A M. ARLÈS DUFOUR.

Paris, 18 Juin 1855.

Monsieur,

Après les explications très nettes que je vous ai données chez moi, il y a peu de jours, et que vous avez acceptées sans contestations, je reçois avec un grand étonnement votre lettre du 16.

Je vous avais dit ce que je pensais d'un projet d'organisation présenté par M. Enfantin et contenant les noms de personnes, dont aucune n'a reçu de moi ni avant, ni après, la moindre proposition à l'effet de prendre part à l'administration de Suez.

Vous connaissiez déjà la correspondance qui avait eu lieu entre moi et Mr. le Baron de Brück que j'ai eu l'honneur de connaître personnellement à Constantinople par moi-même et non par votre entremise.

Vous savez, que dès l'origine de nos rapports sur cette question, je vous ai déclaré que la Compagnie Universelle dont la formation m'était confiée, ne devait pas plus à la société d'études de 1847 qu'à tous les autres auteurs de travaux, collectifs ou isolés, qui, en grand nombre, s'étaient occupés depuis 50 ans de l'étude de l'Isthme de Suez.

A peine étais-je de retour à Paris que vous avez chargé M. Giretti de me faire une communication. Vous avez eu connaissance de la réponse que je lui ai faite et qui est ainsi conçue :

Paris, le 1er Juin 1855.

« Je reçois votre lettre d'hier accompagnant un billet et une copie de Mr. Arlès Dufour.

« Vous avez déjà vu, par ma lettre d'Alexandrie en date du 20 Avril, dont votre successeur Mr. de Vernon a dû vous faire l'envoi, pourquoi je n'avais pas, depuis plusieurs mois, écrit ni répondu à Mr. Arlès Dufour.

« Mr. Arlès s'est mépris sur la nature du concours que j'avais réclamé de lui. J'ai dû être surpris de voir que, malgré la précision de mes premières lettres, il ait cru devoir ne pas tenir compte de l'abstention recommandée, avant qu'il eût rien fait, par ma lettre du 16 Janvier, non plus que de mon opinion formelle sur la société d'études de 1847 à laquelle j'ai toujours été et voulu rester étranger.

« Son erreur se manifeste d'ailleurs dans le billet que vous voulez bien me communiquer et où il est parlé pour la première fois d'association entre nous.

« Je n'ai d'association avec personne, puisque je ne suis que le représentant ou le négociateur du Vice-Roi, chargé de ses pouvoirs exclusifs pour former la Compagnie universelle à laquelle est accordée la concession du percement.

« Mr. Arlès savait cela dès le premier jour, mais tout mal entendu cessera dès que j'aurai le plaisir de le voir. On peut continuer à être l'ami de quelqu'un sans partager son opinion sur tel ou tel sujet ».

Notre situation réciproque étant ainsi établie sans qu'il fût possible de la contester, vous l'avez admise dans notre entretien de Mardi dernier, dont j'ai profité pour vous donner lecture de ce que j'avais écrit à mon frère le 26 Février pour lui faire connaître les motifs de mon silence à votre égard.

Je ne m'explique pas aujourd'hui une lettre que je reçois de vous dans ce moment, quoiqu'elle soit datée du 16.

Ce que je viens de vous rappeler me dit d'y répondre en détail.

Je ferai seulement deux rectifications qui me semblent utiles. La première concerne un passage de votre lettre où vous dites que je vous ai appelé mon successeur.

Dans une de vos premières lettres vous me demandiez s'il ne serait pas prudent de faire ajouter dans le firman de la concession votre nom au mien, pour le cas où je viendrai à me transformer. Je répondis à cette proposition qui, je l'avoue, me causa quelque surprise, que je me bornais à émettre le vœu que vous fussiez appelé à me succéder, si Dieu le décidait ainsi.

J'ai enfin à constater que je n'ai pas l'habitude d'entrer dans les affaires des autres et je repousse formellement toute idée que j'aie pu chercher d'une manière quelconque à détacher de vous aucun de vos anciens associés de la Société d'études.

J'accepterai, au nom du Vice-Roi d'Egypte, le concours de tous les hommes honorables qui voudront bien m'apporter spontanément et librement le concours de leur intelligence. Libre de tout lien, de tout précédent, je ne crois pas le moment encore venu de prendre d'engagement avec personne.

J'ai seulement offert à MM. de Brück et de Negrelli, de la part du Prince que je représente, d'être membres fondateurs de la future Compagnie universelle, comme je vous l'avais offert à vous même. En agissant ainsi j'étais guidé, comme je vous l'ai écrit le 16 Janvier dernier, par un esprit de justice, dont vous auriez dû me tenir compte, au lieu d'attribuer pour mobile à ma démarche la prétention de vouloir intervenir dans votre affaire.

Quant à moi, je ne regarde pas l'affaire actuelle du percement de l'Isthme de Suez comme la mienne, c'est celle du Vice-Roi d'Egypte d'abord, ce sera ensuite celle de tout le monde.

Veuillez agréer, Monsieur, l'assurance de ma considération la plus distinguée.

(Signé) FERDINAND DE LESSEPS.

N. 24.

ARLÈS DUFOUR A MONSIEUR DE NEGRELLI.

Paris, le 20 Juin 1855.

Cher collègue et digne ami,

J'ai bien reçu votre lettre du 21 Mai, et nous venons de recevoir celle du 12 courant.

Jamais la Société d'études n'a entendu se lier pour le tracé du Canal de Suez. Elle ne l'a fait étudier par les ingénieurs les plus renommés qu'afin d'avoir une certitude sur la possibilité d'un canal maritime, et des données sérieuses sur les dépenses de ce grand travail.

Si Mr. Talabot a cru devoir publier son opinion personnelle sur le tracé, c'est qu'il y était poussé, provoqué même par des publications intempestives, venues d'Egypte, en faveur du tracé de Peluse, solution dans laquelle on engageait ainsi l'opinion de Saïd Pacha et du public.

Aucun esprit réfléchi ne saurait penser qu'un tracé quelconque puisse être imposé a *priori* à la Compagnie universelle d'exécution. Cela serait aussi insensé pour les partisans du tracé d'Alexandrie, que pour ceux du tracé de Peluse. Notre idée, comme la vôtre, a toujours été, et est encore de réunir toutes les forces, de rallier toutes les individualités marquantes, en Europe, en Egypte, dans le monde entier, car nous n'excluons ni les russes ni les américains; et lorsque ces éléments de la Compagnie universelle seraient organisés, alors seulement nous aborderons la solution du tracé en soumettant ce beau problème à l'examen des hommes les plus compétents en cette matière.

C'est dans ce but, et d'après ces principes, que nous avons formé la Société d'études, et qu'après six ans de sommeil, forcé par les événements politiques, nous l'avons fait revivre en priant notre illustre collègue, Mr. le Baron de Brück (par lettres de Mr. Enfantin du 27 Novembre 1853 et 17 Février 1854) de profiter de sa mission à Constantinople pour introduire cette superbe question de Paix dans la politique.

Plus d'une année après, Mr. de Lesseps, appelé gracieusement en Egypte par Saïd Pacha, nous exprima le désir et l'espoir d'obtenir du Vice-Roi la concession du Canal. Mr. de Lesseps était lié depuis fort longtemps avec nous et connaissait parfaitement nos longs et généreux efforts pour cette grande œuvre; *nous lui remîmes tous les documents que nous possédions sur l'affaire; il vint prendre congé de nous à Lyon et de M. Talabot à Marseille; enfin, quoiqu'il n'y ait aucun traité signé entre nous, nous avions tout droit de penser, moi surtout, que Mr. de Lesseps considérait cette tentative comme étant commune entre lui et nous.*

En effet notre correspondance commença sur ce pied d'intimité complète et d'espérances communes.

Dès que Mr. de Lesseps eut obtenu le firman du Pacha il m'en informa en m'envoyant :

1° La copie de son rapport au Vice-Roi;

2° Le firman de concession;

3° Le projet de liste des membres fondateurs;

4° Les instructions aux ingénieurs égyptiens;

En même temps il me disait de m'occuper activement de la mise en train de l'affaire, tant en France qu'en Angleterre. Cette communication et les suivantes, toutes aussi amicales, aussi pressantes, auraient suffi, indépendamment des paroles échangées entre nous avant son départ, pour que je me crusse largement autorisé à agir comme eût pu le faire Mr. de Lesseps lui-même.

Je commençai par rassurer nos associés d'Allemagne qui semblaient craindre que *Mr. de Lesseps fût étranger et hostile à la Société d'Etudes et voulût la laisser en dehors.*

Sachant que Mr. de Brück pensait comme nous que la question de Suez devait être traitée et résolue dans les conférences diplomatiques, croyant que ces conférences amèneraient prochainement la Paix, attendant d'ailleurs et pressant le retour de Mr. de Lesseps depuis le mois de Février, nous nous occupâmes avec Mr. Enfantin, et sur l'invitation expresse de S.M. l'Empereur, d'un *projet d'organisation de la Compagnie universelle,* projet que nous vous avons immédiatement communiqué, ainsi que nous l'avons fait pour tous nos actes relatifs à Suez.

Nous avons également adressé ce projet à Mr. de Lesseps. Depuis lors, malgré une nouvelle invitation de l'Empereur qui approuvait ce projet et qui nous pressait de lui donner un corps en constituant la Société, afin que la Diplomatie ne s'occupât pas de Suez devant une simple théorie, nous nous sommes arrêtés, parce que depuis plusieurs mois nos lettres à Mr. de Lesseps restaient sans réponses, et que nous apprenions de divers côtés qu'il se plaignait de ce que nous ne l'avions pas attendu pour préparer des matériaux et faire des projets désirés, provoqués et même approuvés par l'Empereur.

Néanmoins nous ne voulions pas admettre, ce que nos amis nous assuraient, que Mr. de Lesseps nous fît l'injure de croire que nous cherchions à l'effacer, à l'amoindrir, nous qui l'avions désigné dans le projet d'organisation sous le titre de *Directeur général concessionnaire*; mais nous l'attendions et suspendions nos démarches; voilà pourquoi depuis lors, vous n'avez presque plus entendu parler de nous.

Malheureusement nos doutes se sont changés en une pénible certitude dès le retour de Mr. de Lesseps, retour dont je n'ai eu connaissance que par des tiers, qui m'ont aussi assuré qu'il agissait et parlait d'une manière peu bienveillante de nous et de nos démarches et *qu'il cherchait même à détacher de nous les amis influents avec lesquels, dans l'intérêt de l'œuvre, je l'avais mis en relation.*

Cette manière d'agir a motivé une explication à la suite de laquelle j'ai cru de mon devoir et de ma dignité d'écrire à Mr. de Lesseps la lettre dont je vous envoie copie, avec prière de la communiquer à notre collègue Mr. le Baron de Brück, ainsi que la réponse reçue aujourd'hui de Mr. de Lesseps (1). Mr. de Lesseps s'égare en ce moment d'une façon trop déplorable pour que nous perdions l'espoir de le voir reconnaître qu'il s'est trompé et qu'il a cédé à des sentiments qui sont au-dessous de la grandeur de l'œuvre.

_____

(1) Voir les documents sub Nos 22 et 23.

S'il persévérait dans son erreur, dans son illusion, s'il persistait à croire que cette œuvre universelle se résume en un firman, nous ne maintiendrons qu'avec plus de force la Société d'études vivante, comme nous le disait Mr. de Brück, car l'affaire de Suez n'est pas une affaire Egyptienne ou Turque seulement, ainsi que paraît le croire Mr. de Lesseps, elle est surtout Européenne et même universelle, et la sociéte qui l'exécutera sera certainement l'expression de la volonté des puissances que cette œuvre intéresse, elle ne sera pas le résultat du caprice ou de la bienveillance d'un Pacha ou d'un Sultan pour tel ou tel de ses amis.

Les pénibles renseignements que je vous donne aujourd'hui, doivent vous faire sentir, cher collègue, combien il est nécessaire et convenable que nous nous réunissions à Paris en Juillet pour aviser aux moyens de nous transformer en société définitive d'exécution. *Ce n'est pas à nous, mais à Mr. le Baron de Brück à fixer l'époque de cette réunion.*

Dufour Feronce sera ici au milieu de Juillet, et nous convoquerons nos autres amis dès que nous connaîtrons votre époque.

Agréez, cher collègue et digne ami, mon bien cordial salut.

ARLÈS DUFOUR.

Mi-Juillet notre exposition sera dans toute sa splendeur.

Il est probable que vous verrez prochainement Mr. Talabot à Vienne ou à Vérone.

N. 25.

A Son Excellence Monsieur le Baron de Brück.

Londres, 9 Août 1855.

Monsieur le Baron,

J'envoie aujourd'hui sous bande et à votre adresse, par la poste, quatre exemplaires de la publication que je viens de faire paraître à Londres.
L'un est pour S. A. le Prince de Metternich, le second pour M. de Negrelli, le troisième pour vous et le quatrième pour l'ingénieur que **je vous
ai prié de bien vouloir désigner.** Je retournerai à Paris dans deux jours;
de là j'aurai l'honneur de vous envoyer des épreuves de ma publication
française, qui sera plus complète que la brochure anglaise.

Mr. Rendel, reconnu comme l'ingénieur le plus capable de l'Angleterre
pour les travaux des ports de mer, a accepté les propositions que je lui ai
faites. **Ces propositions sont conformes au projet que je vous remets
ci-joint et dont je laisse le nom en blanc vous laissant la faculté de le
remplir.**

Veuillez agréer, Monsieur le Baron, la nouvelle assurance de ma
haute considération.

Ferd. de Lesseps
9, Rue Richepance à Paris.

J'ai pensé qu'il était mieux de vous faire parvenir ma réponse par l'entremise de M. le Comte de Collorido.

N. 26.

LETTRE DE M. LE BARON DE BRÜCK A M. FERD. DE LESSEPS.

Vienne, ce 1er Octobre 1855.

Monsieur le Ministre,

J'ai reçu vos lettres du 28 Juin, 29 Juillet, 2 et 9 Août a. c. et je vous remercie des communications ainsi que des exemplaires des intéressantes publications que vous avez fait paraître à Londres et à Paris sur l'état actuel des opérations et des études préparatoires sur le percement de l'Isthme de Suez dont j'ai remis les exemplaires par vous désignés à S. A. le Prince de Metternich et à Mr. le Chevalier de Negrelli.

J'apprends avec satisfaction le succès favorable de ces publications et de vos soins pour la bonne réussite des affaires préparatoires de l'importante entreprise tant en France qu'en Angleterre, et quoique j'avais chargé Mr. de Negrelli de vous communiquer vocalement mon avis sur la situation actuelle sur l'affaire, et sur la manière d'avancer les plus possible à une solution convenable, je m'empresse maintenant et après avoir reçu de la part de Mr. de Negrelli tous les renseignements sur l'entrevue qu'il eut avec vous le 18 Septembre a Paris, à vous déclarer, que tout en regrettant la diversité d'opinions entre vous et la Société d'études, j'apprécie votre loyale intention sur la position à venir et sur la coopération réservée aux membres de la dite Société pour le moment où, après la solution de la question technique, l'on passerait à la composition de la Société d'exécution dont la réussite dépend essentiellement de la réunion et du plein accord des forces intellectuelles et matérielles représentées en bonne partie par les groupes de ladite société.

Du reste c'est bien évident, qu'après la publication du projet Talabot, et la déclaration du Vice Roi d'Egypte là dessus l'avis d'autres techniciens bien expérimentés et approfondis dans les opérations hydrauliques se rend indispensable. Sur ce sujet j'approuve, d'intelligence avec le Ministre du

Commerce et des travaux publics, que Mr. de Negrelli prenne part à la
Commission à proposer au Vice-Roi d'Egypte sous les conditions exposées
dans vos lettres du 29 Juillet, du 2 et 9 Août, et il serait prêt à se rendre
avec vous en Egypte alors que les Ingénieurs du Vice-Roi auront achevé
les opérations exposées dans votre Instruction du 30 Avril a. c. et après
un avis préalable de votre part, qu'il attendra pendant le mois de Novembre prochain, tandis qu'après l'entrevue qu'il avait avec vous à Paris il ne
semble pas nécessaire qu'il revienne en France le 15 Octobre où la question ne peut pas être décidée.

Ce ne sera qu'à votre retour de l'Egypte que nous nous occuperons
de l'organisation financière et administrative de la Compagnie universelle d'exécution, et je me réserve de vous faire connaître à cette époque
les noms des personnes qui par leur position seraient les plus convenables
au progrès de la grande entreprise.

En attendant j'ai l'honneur de vous envoyer la copie des deux mémoi-
res de S. A. le Prince de Metternich dont vous a entretenu Mr. de Negrelli
et je vous prie, Monsieur le Ministre, d'agréer l'assurance de mon estime
la plus parfaite.

F. DE LESSEPS A Mr. LE CHEVALIER DE NÉGRELLI.

Confidentiel.

Alexandrie, 19 Janvier 1856.

Monsieur et cher Collègue,

Dans le cas où la suite de l'impression, produite en Europe et à Constantinople par le rapport de la Commission, n'aurait pas pour résultat immédiat la ratification du Sultan, je suis d'avis de ne pas prolonger mon séjour en Egypte et de retourner en Europe en commençant par l'Autriche.

Nous sommes arrivés à un moment où, sans brusquer la solution, il ne faut pas laisser aux opposants le temps de faire des intrigues.

S'il résultait un temps d'arrêt provenant des lenteurs naturelles ou forcées de négociations « orientales », on donnerait à l'affaire un caractère d'hésitation qui pourrait avoir quelque danger.

Nous sommes convenus avec le Vice-Roi qu'Edhem Pacha ne sera pas envoyé à Constantinople avant qu'on ne soit tout à fait certain que l'ambassadeur anglais n'apportera pas d'entraves à sa mission.

Il ressort de cette situation que je perdrais mon temps si j'attendais ici la réponse de Constantinople.

Si cette réponse tardait trop longtemps, le Vice Roi, qui est placé aujourd'hui dans la meilleure situation, par les démarches faites depuis un an, par une lettre du Grand Vizir reconnaissant l'utilité de l'entreprise, par l'appui et les sympathies de l'Europe entière, semblerait mettre en doute l'obtention d'une autorisation que nous savons tous devoir être accordée en 24 heures le jour où les deux gouvernements de France et d'Angleterre seront d'accord. Jusqu'à ce moment, son amour propre de Turc ne voudrait pas laisser mettre trop à nu la faiblesse de Constantinople, et découvrir d'une manière trop patente son impuissance d'initiative.

En continuant à marcher vers la réalisation de l'entreprise sous la seule réserve d'une ratification de pure forme, chaque adhésion conquise sera un nouvel argument et une nouvelle force pour lui. Lorsque la Société sera fondée, que le capital sera souscrit, sauf à attendre «l'Iradé Impérial» pour la mise à exécution définitive, l'entreprise passera de l'état de projet à l'état de fait acquis; il faudra que l'on compte avec elle et nous serons en mesure, sous le patronage du Vice-Roi, de négocier «de puissance à puissance», la force et le droit étant évidemment de son côté.

Je vous soumets ces réflexions: **je serai très heureux d'avoir votre opinion ainsi que celle du Baron de Brück avant mon départ d'Egypte.**

Je compte m'embarquer à Alexandrie pour Trieste dans un mois; d'ici là, je m'occuperai activement de préparer et d'expédier à Mr. Lieussou tous les renseignements demandés par la Commission.

En quittant l'Egypte j'aurai déjà réuni plus de cinquante millions de francs de souscriptions. Le Vice-Roi me «remettra» une expédition de son «nouveau firman» de concession contenant cahier des charges ainsi que son décret d'approbation des Statuts établissant que ces documents me sont délivrés pour me mettre en mesure de constituer la Compagnie Universelle du Canal de Suez, laquelle ne fonctionnera et n'exécutera l'entreprise qu'avec l'approbation du Sultan.

Je vous envoie un exemplaire du firman et des statuts tels qu'ils ont été modifiés en dernier lieu d'après les indications d'une commission de jurisconsultes et de financiers à laquelle j'avais laissé ce soin à Paris.

J'espère que j'aurai bientôt des nouvelles de votre bon retour dans votre pays et auprès de votre famille, à laquelle j'espère, je ne serai pas étranger, comme vous ne l'êtes pas à la mienne.

Je vous renouvelle, Monsieur et cher Collègue, l'expression de mes sentiments les plus affectueux et dévoués.

(signé) FERD. DE LESSEPS.

F. DE LESSEPS A MONSIEUR DE NEGRELLI, A VIENNE

Caire, le 3 Février 1856.

Monsieur le Chevalier et cher Collègue,

J'ai reçu hier la lettre que vous m'avez fait l'honneur de m'écrire le 25 Janvier. Je me suis empressé de la lire au Vice-Roi qui est très désireux d'être mis au courant en détail de ce que m'écrivent « ses amis » de la commission internationale. Il a été très heureux d'apprendre le haut intérêt qui a été manifesté pour sa personne et son projet par S.M.I. et R. votre Auguste Empereur, par Son Altesse l'Archiduc Ferdinand Maximilien, par le prince de Metternich, par Mr. le Baron de Brück et ses collègues les Ministres de S.M. ; c'est pour lui une grande satisfaction de voir que ses efforts dans l'intérêt de la civilisation de l'Egypte, de sa prospérité et de ses relations avec l'Europe, non seulement sous le point de vue du commerce international mais comme passage maritime d'une partie du monde avec l'autre hémisphère, sont appréciés par les plus puissants souverains, par les princes les plus éclairés et par les plus illustres hommes d'Etat. Il se félicite enfin qu'un homme aussi distingué que vous ait étudié sur les lieux le pays qu'il gouverne dans un but constant d'amélioration et d'avenir ; ce but que la constitution héréditaire du gouvernement de l'Egypte, établie par les grandes puissances, permettait seule d'obtenir dans l'intérêt véritable de l'Empire Ottoman et de la politique Européenne, ne pouvait pas être poursuivi avec plus d'intelligence, de sagesse et d'énergie que par le prince dont vous avez pu juger de près les bons sentiments, le caractère loyal et la volonté de faire le bien.

Aussi il est convaincu que sa situation personnelle, celle de sa famille, les intérêts de l'Egypte, loin d'avoir à perdre, n'auront qu'à gagner lorsque les conseils de la diplomatie auront à s'en occuper, et sous ce rapport il a appris avec plaisir l'opinion manifestée par S.A. le Prince de Metternich et par S.E. le Baron de Brück, de comprendre dans le traité de paix à intervenir la question de l'Isthme de Suez. Vous pourrez vous rappeler que j'avais déjà partagé cette pensée dès le principe, et que si j'avais cru dangereux jusqu'à présent de voir la politique de l'Europe s'interposer entre le Sultan et le Vice-Roi sur la question de la ratification Impériale du firman de concession, je considérais qu'une fois le principe de l'entreprise admis et accepté par qui de droit, il était à désirer, pour la sûreté de l'Egypte comme pour l'équilibre de l'Europe, que le grand passage du commerce du monde reçût la consécration et la garantie des Puissances maritimes.

Je compte m'embarquer le 17 de ce mois pour Trieste sur le paquebot du Lloyd. Nous nous entretiendrons avec Mr. le Baron de Brück de ce qui concerne notre entreprise et de toutes les questions financières ou politiques qui s'y rattachent.

Omissis.

(signé) FERD. DE LESSEPS.

N. 29.

A M.M. LES PRÉSIDENTS, VICES-PRÉSIDENTS ET MEMBRES
DE LA CHAMBRE DE COMMERCE DE VIENNE.

Paris, le 22 Mars 1856.

Omissis.

Dans cette pensée, aussi bien que pour reconnaître le concours
actuel des promoteurs de la Compagnie Universelle du Canal des deux
mers, j'ai prié S. E. Mr. le Baron de Brück de vouloir bien se charger,
d'accord avec les personnes qu'il a déjà désignées, ou qu'il désignera à
Vienne, à Trieste et à Venise, de satisfaire les intérêts de l'Autriche et
de la Lombardo-Venétie, comme il l'entendra, en mettant à sa disposition,
pour en faire la distribution la plus utile et la plus agréable, une attribution
de 25 millions sur les 200 millions qui formeront le capital social de l'entreprise *ainsi que trois parts* de fondateurs divisibles chacunes d'elles en
dixièmes.

Je viens donc vous prier de vous entendre avec S.E. Mr. le Baron de
Brück et Mr. le Conseiller de Negrelli sur la suite à donner à votre
imposante manifestation, que je regarde comme un des signes les plus
certains de la réussite de l'entreprise à laquelle j'ai voué mes efforts.

Rien ne pourrait m'être plus précieux que votre honorable témoignage.

Veuillez agréer, etc.

(signé) FERD. DE LESSEPS.

N. 30.

F. DE LESSEPS A M. DE NEGRELLI.

Londres, le 17 Avril 1856.

Mon cher et honorable ami,

Pour vous mettre bien au courant de ce qui s'est passé depuis ma dernière lettre, je vous transmets : 1° une note que j'ai remise moi-même à l'Empereur dans une audience particulière du 30 Mars, où j'ai eu l'occasion de lui donner verbalement toutes les explications nécessaires, 2° les extraits de deux lettres de Constantinople du 16 et du 26 Mars, 3° la copie d'une lettre que j'ai adressée à Mr. Thouvenel, ambassadeur de France à Constantinople et mon ami particulier le 4 Avril, 4° le procès-verbal, rédigé pour le Comte de Walewski, d'une conversation importante que j'ai eue dimanche dernière le jour même de mon départ pour Londres avec Lord Clarendon. La lecture de ce dernier document vous expliquera les motifs de mon voyage en Angleterre ; arrivé depuis trois jours je n'ai pas encore eu l'occasion d'entretenir Lord Palmerston à cause de la mort subite de son beau-fils Lord Cooper, mais je n'ai pas perdu mon temps, et je prépare avec soin l'organisation d'un comité anglais composé de personnes honorables **qui feront ici ce que le Baron de Brück et vous, faites si bien en Autriche.**

Omissis.

Tout à vous,

(Signé) FERD. DE LESSEPS.

N. 31.

FERD. DE LESSEPS A M. DE NEGRELLI.

———

Château de la Chenaie par Vatan (Indre),
17 Août 1857.

Mon cher et excellent ami,

A la première nouvelle du fameux discours prononcé par notre grand et cher Ministre le Baron de Brück, je vous ai envoyé de Londres quelques lignes contenant l'expression de ma satisfaction et de mon admiration et vous priant d'exprimer ma gratitude personnelle à l'illustre orateur. Depuis lors cet événement a été considéré par la presse Européenne et avec beaucoup de raison comme une des phases politiques les plus importantes de notre entreprise.

Que d'encouragements pour moi dans les nobles et courageuses paroles du Baron de Brück et quel immense service il a rendu au Canal dans un moment où il fallait qu'une voix aussi autorisée et aussi prépondérante vînt étouffer celle de Lord Palmerston! je puis vous dire à vous, qui savez que je ne pèche pas pour faiblesse, que j'en ai été pénétré jusqu'aux larmes. On est heureux d'être attaqué de haut lorsque l'on rencontre de tels défenseurs.

Le journal l'*Isthme de Suez* et l'ami St-Hilaire vous mettent au courant de tout ce qui peut en général vous intéresser, mais je dois en outre vous faire part, suivant mon habitude, de ce que je ne communique pas au public. Je vous fais donc part confidentiellement, pour vous et pour qui de droit, de la dernière note que j'ai remise à l'Empereur Napoléon sur la situation de notre affaire, ainsi que d'une lettre adressée par moi à Constantinople dans des régions officielles.

Le mouvement que je fais dans ce moment en France auprès des Conseils généraux et des Chambres de Commerce, est la conséquence de la situation actuelle, où je reconnais la nécessité de donner au Gouvernement français le droit de s'appuyer sur l'opinion publique de son pays pour avoir le droit de m'appuyer lui-même, lorsque j'irai à Constantinople.

Avant de me rendre à Stamboul vers la fin d'Octobre je passerai par Vienne pour y faire mes remerciements et m'y fortifier.—**Je dois bien cela aux grands patrons autrichiens du Canal de Suez, le Prince de Metternich et le Baron de Brück.** Je vous reverrai avec grand plaisir.

Je viens de recevoir des lettres d'Egypte qui me signalent un fait, dont je ne parlerai en France à personne mais dont je dois vous donner connaissance. Le Vice-Roi me fait savoir confidentiellement qu'au commencement de ce mois au Caire, le Consul Général d'Autriche lui a dit avoir l'ordre de son gouvernement de ne se mêler en rien de l'affaire de Suez: ainsi, ajoute le Vice-Roi, « voilà l'Autriche d'accord avec les Anglais au sujet du Canal: comment voulez vous que cela marche? »

Je trouve que la communication de Mr. de Hubert a été maladroite; je suis convaincu qu'elle est le résultat d'un mauvais vouloir personnel, en ce sens que si le cabinet de Vienne lui a écrit (ce qui était fort naturel dans la situation où se trouverait alors l'Autriche avec l'Angleterre à l'occasion des provinces Danubiennes) de ne pas se compromettre et de s'abstenir de rien dire ou faire provisoirement en faveur du Canal de Suez, il n'a pas pu lui recommander d'agir contre. Or c'était agir contre que de faire au Vice-Roi une communication telle que celle qui lui a été faite, dans le moment même où l'on recevait la nouvelle des déclarations de Lord Palmerston, et où le Consul Général d'Autriche devait savoir que tous les ennemis du Canal se réunissaient pour agir sur l'esprit du Vice-Roi et chercher à l'effrayer.

Heureusement les bons sentiments du prince à mon égard et son caractère droit l'ont maintenu, en dépit des efforts qui ont été faits, et, depuis lors, le langage franc et énergique du Baron de Brück a dû redoubler dans l'esprit du Vice-Roi la bonne opinion qu'il doit avoir de la politique de la Cour d'Autriche relativement au Canal de Suez.

Je vous renouvelle, mon cher et excellent ami, l'expression de mes sentiment les plus affectueux et dévoués.

(Signé) Ferd. de Lesseps.

Je vais amener à Vienne mon grand fils Carlito, qui vient cette année de terminer dignement ses études en se faisant recevoir Bachelier ès-lettres de la faculté de Paris; c'est votre protégé.

N. 32.

BARTHELÉMY SAINT-HILAIRE A MONSIEUR DE NEGRELLI.

Paris, rue Richepance, 9,

26 Novembre 1857.

Très cher et très honorable ami,

L'ovation que Vienne a faite à M. de Lesseps a produit ici le plus grand et le meilleur effet. Cette attitude significative de l'Autriche paraît d'excellent augure, et j'ai tout lieu de croire que cette fois nous approchons du but. L'Autriche est merveilleusement placée entre l'Angleterre et la Porte pour entamer une négociation conciliatrice et décisive; et la France suivra certainement cet exemple.

Vous avez dû être bien heureux, car vous êtes pour beaucoup dans la réception qui a été faite, et vous l'avez dès longtemps préparée. Je vous en félicite comme d'un succès personnel.

Je vous avais expédié le 17 une dépêche télégraphique pour avoir le discours de M. de Brück, si politique et si sage. J'aurais voulu pouvoir le mettre en entier dans notre journal du 25 Novembre. Il paraît que vous n'aurez pas pu vous en procurer une copie. Il eût été très important pour nous de l'avoir, ainsi que le discours de M. de Toggenburg. Je ne puis en donner qu'une analyse insuffisante.

La réception de Trieste a été aussi très bonne et M. de Revoltella a dû être heureux comme vous.

Les dernières lettres de M. de Lesseps sont du 18 Novembre. Il ira à Athènes et sera le 3 Décembre à Constantinople. Ce sera notre dernière bataille, Dieu aidant.

Tout va très bien ici.

Bien des amitiés sincères.

(signé) B. St. HILAIRE.

Le conseil général de la Seine actuellement réuni, va se prononcer pour nous très favorablement.

N. 33.

F. DE LESSEPS A MONSIEUR DE NEGRELLI DE MOLDELBE

Constantinople, 17 Avril 1858.

Mon cher ami,

Omissis.

Nous ne nous occuperons, **après avoir naturellement consulté notre excellent Baron de Brück, de l'organisation définitive et du fonctionnement de la Compagnie,** qu'après la réunion de la commission Internationale à laquelle nous pourrons adjoindre quelques futurs administrateurs afin de leur soumettre et de discuter les questions d'exécution financière : **ce serait une grande bonne fortune si le Baron de Brück pouvait personnellement nous y apporter le tribut de ses lumières.** Je prépare une circulaire détaillée pour les membres de la commission Internationale et pour nos représentants dans tous les pays.

Je vous ferai savoir dans tous les cas, une dizaine de jours à l'avance, par le télégraphe, la date précise de mon départ de Constantinople pour l'Egypte où j'espère vous embrasser et d'où nous marcherons résolument. *Vorwaerts.*

Tout à vous,

(signé) FERD. DE LESSEPS.

N° 34.

F. DE LESSEPS A M. DE NEGRELLI.

—————

Paris, 20 Juin 1858.

Mon cher ami,

Je suis de retour de Londres très satisfait de cette tournée, et je partirai après demain, mardi soir 22, par le train express pour Vienne où j'arriverai par conséquent le 25 au matin.

J'espère que je vous verrai tout de suite. Je tenais à vous emmener en Egypte pour recevoir les plans du cadastre des terrains concédés à la Compagnie, examiner un peu sur les lieux cette question préliminaire si importante du canal du Vice-Roi . . . . (illisible) que votre présence en Egypte produirait de toutes façons le meilleur effet.

Mais si vous ne le pouvez pas, nous nous arrangerons de manière à ce qu'il n'y ait pas péril en la demeure.

Il sera nécessaire, dans tous les cas, que nous causions ensemble sur beaucoup de choses et que nous voyons notre excellent guide le Baron de Brück.

Tout à vous et à revoir bientôt

(signé) FER. DE LESSEPS.

Je ne compte pas rester plus de 15 jours en Egypte.

—————

N. 35.

Paris, Rue Richepance, 9,

8 Septembre 1858.

Très cher et très honorable ami,

J'ai reçu votre lettre du 2 Sept. seulement aujourd'hui, et voilà comment je ne vous ai pas répondu plus tôt. J'espère que ce petit séjour dans l'air natal et dans un domaine personnel vous aura fait du bien et calmé vos souffrances. Nous avons besoin de vous et pour notre affection et pour le canal de Suez. Soignez-vous le mieux possible, et conservez votre santé, dans votre intérêt et dans le nôtre.

J'ai remis votre lettre à M. Ferdinand de Lesseps qui en tiendra naturellement le plus grand compte. Il songe vers la fin de ce mois à partir pour faire une tournée en Europe et il verra les personnes dont vous lui parlez et qu'il sera si prudent en effet de nous concilier.

Je vous remercie de la bonne nouvelle que vous me donnez d'une prochaine réponse de vous. Vous verrez que je l'annonce déjà dans le *Moniteur de la Flotte* de demain. Vous verrez aussi que dans notre numéro du 10 de ce mois, il y a les réfutations de M. Satwcaya et de M. Conrad. Il faut que M. Stepheyn soit accablé par tout le monde; mais c'est vous qui lui porterez les coups les plus efficaces.

Le souvenir de M. Kupli est très exact et vient fort à point. Je lui ai écrit, il y a un mois environ, en réponse à une lettre enthousiaste qu'il m'avait adressée.

La santé de Madame Delamalle est toujours bien compromise. Elle est en ce moment à Sablouville, près Paris, où habite aussi M. de Lesseps. Elle a été bien heureuse de le revoir. C'est une consolation; mais hélas ce n'est pas une guérison.

Je suis très heureux de la communication faite à Mr. de Brück. Des conseils tels que les siens nous seront fort utiles, car il faut bien prendre garde à faire de faux pas dans la situation délicate où nous sommes, sans firman, avec l'hostilité de l'Angleterre et sans appui officiel patent. Je compte enfin beaucoup sur les excellents avis de Mr. de Revoltella. Chaque fois que je lui écris je remercie Mr. de Negrelli de m'avoir fait connaître un tel homme.

Bien des amitiés sincères, et bonne année.

Votre tout devoué

(signé) B. St. Hilaire.

P.S. - M. Parisini voudra bien m'excuser si je confie cette lettre à ses bons so...